2038年に大調和の時代が訪れます
そして、その時代の扉を開く鍵となるのが、
八百万の神が暮らす龍の国・日本なのです

なぜ、日本なのか
僕たちは何をすればいいのか
神々の声に耳を傾けてみましょう

この国に八百万の神が暮らす本当のワケ

神の国日本

並木良和

扶桑社

装画・本文イラスト　高田真弓

この国で生まれたという「地命」が、
こう生きたいと思う「我命」に変わり、
それこそが宇宙が望む「天命」だと知った時、
あなたの人生は一気に活気づくことでしょう

はじめに

皆さん、こんにちは。並木良和です。

今、世界が、地球が、そして日本が、大きな転換期を迎えていることは、大なり小なり、皆さん感じられていることと思います。これからどうなっていくのか、不安で仕方がないと言う人も多く、未来に希望が持てない若者がますます増えている状況です。ＳＮＳを見れば、日本が滅亡するとか、大災害がやって来るといった、ネガティブな情報が溢れかえり、まるでお祭り騒ぎのようです。

でも、安心してください。

地球が終わるとか、人類がいなくなる等ということもなければ、日本が機能しなくなってしまうこともありません。それどころか、日本はこれから、大きな飛躍を遂げることになり、世界をリードしていこうとしています。

もちろん、それまでには、この国も国民も、まだまだ成長して行く必要があり、そのため「冬」の体験を余儀なくされる可能性はあります。でも、それを越えて「春」を迎えた時、日本は、あらゆる面で豊かで、明るく軽やかなエネルギーに包まれることになるでしょう。

とはいえ、現状を鑑みれば、そんなふうになるなんて、到底思えない、と言う人も多いと思います。

そこで本書では、今、宇宙で、地球で、世界で、特に日本で何が起きていて、これからどのような経過を辿って行こうとしているのかを、クローズアップしていきたいと思います。

さらに、「古代日本プロジェクト」の復活にあたって、国津神と呼ばれる神々のエネルギーが増し、彼らと共同することで、日本と日本人も、本来の力を取り戻していくことになりますが、そのための具体的なワークも、本書にはたっぷりと掲載されています。

彼らと共同することで、僕たちの潜在能力や可能性が引き出されて、まずはあなたの人生がアップグレードされることになるでしょう。そして今度は、日本人としての役割に目醒め、あなたの存在そのものが、日本や世界、ひいては地球や宇宙のためになることがわかるようになります。

そうして、僕たちは大調和のエネルギーを世界に伝播させることで、新しい地球における新たな文明の礎となっていこうとしているのです。

あまりに壮大すぎると思われるかもしれませんが、本書を読み進めていただく中で、そうした思いも溶けていくでしょう。

これは、あなたが今回、日本人として生まれて来た、「自分自身」そして「宇宙」との「約束」なのです。

さぁ、そのことを憶い出す旅に出かけましょう！

目次

第三章

目次

本書の内容は、著者個人の見解であり、その真偽を確定するものではありません。

第一章 今、世界で起きていること

今、地球は大変革の時期にあります。「古い地球」と別れを告げ、「新しい地球」に移るためのうねりの中にいるのです。そんな時期に重要なのが「大調和の精神」です。争わず、競わず、まとまってゆくことが、全世界を統合し、次元を上昇させていくために不可欠なことなのです。

01

激動の2024年、世界は大調和の時代へ向かう

石川県、能登半島を襲った激しい地震とともに幕を開けた2024年。

宇宙は今、時代と時代のはざまにあります。**1万3000年に渡って続いた衝突や不和の時代だった「ディセンション（眠り）サイクル」を終えて、上昇と調和の時代である「アセンション（目醒め）サイクル」に入ろうとしている**のです。

「ディセンションサイクル」とは、ひとことで言えば「人々の意識が深い眠りについている状態」のことです。こうした状況下では、人は不安、心配、怒りや罪悪感といったネガティブな感情を持ち、時に嫉妬にかられたり、疑心暗鬼になったりします。日々煩わしい事態に遭遇し、そのたびに感情が揺さぶられ、一喜一憂する……そんな状況が繰り返される時代です。

つまり、不和と衝突が避けられない受難の時代であり、今、皆さんはまさに、その時代

から抜け出そうとしているのです。

一方、「アセンションサイクル」とはどういった状態を指すのでしょうか。

アセンション（次元上昇）の流れに入ると、ディセンションサイクルで生じるマイナス感情から解放されます。

具体的には、アセンションすることによって、「できない」ということがなくなります。「できるかな？」と迷ったり、悩んだり不安に思うことがなくなるのです。みんなが満たされている状態なので、他者をネガティブに評価したり、批判したり、妬むことがありません。

また、人々の意識も、社会のありようも大

アセンションサイクル（次元上昇）	ディセンションサイクル（次元下降）
ネガティブな感情を解放している	ネガティブな感情に支配されている
何でも「できる」ので不安がない	「できない」という不安や心配が絶えない
妬むことがなく、他者を尊敬している	嫉妬したり、疑心暗鬼になっている
感情が安定し、満たされている	感情が不安定で、不満だらけ

きく変わります。人と人、社会と自然環境が調和し、さらに高い次元に向かって変容していこうとします。これがアセンションサイクルを迎えた時代の特徴です。

現在は2024年ですが、僕たちは今、天地が動転する節目、劇的に世界が変わるタイミングにいると言えます。

そして、この激動の時代の鍵を握っているのが地球です。中でも「日本」という国にフォーカスが当たっていて、この国が聖地化されていく途上にあるのです。

激動の鍵を握るのが地球？　と不思議に思われるかもしれません。しかし、「アセンション」は、地球単独のこととしてではなく、宇宙の大きな営みのひとつとして捉える必要があります。そう、地球のアセンションは宇宙全体の意思として起こっているのです。そして、地球規模のアセンションの中心地となろうとしているのが日本なのです。

1万3000年に渡って続いた不和と衝突の時代を抜けて、上昇と調和の時代を牽引していくのは地球であり、日本ということなのです。

龍の国・日本が世界を動かす

宇宙が大きく変わっていく中で日本人の存在意義が高まっていくのには、龍が関係しています。日本列島の形をイメージしてみてください。日本は龍体を成しています。北海道を頭にすれば昇り龍。九州を頭にすれば下り龍。二双の龍です。**日本を龍体にしたのは宇宙の意思であり、日本人のＤＮＡには、龍の遺伝子が組み込まれている**のです。

そして、**龍は神の使いであり、神の意思を人々に伝える役割があります。**

辰年の動乱は、起こるべくして起こった

こうした時代の変わり目には、激しく物事や人同士がぶつかって紛争や災害が起きやすくなります。また、不祥事やスキャンダルなど、それまで隠されていたことが明るみに出やすくなるのです。

世界ではロシアとウクライナが、イスラエルとパレスチナ（ハマス）が、激しくぶつかり合っています。テロや銃撃事件も世界各地で起こっています。

日本に目を転じれば、地震が頻発し、2024年のスタートと同時に能登半島で大地震が起こりました。能登半島は半島の形が龍の頭の形にも見えることから、愛知県から岐阜、富山を通り、石川県の能登半島へと続く道は「昇龍道」とも呼ばれています。この龍にちなんだ地が大きな揺れに見舞われたのは、決して簡単に言う訳ではなく、転換期における重要な役割を果たしていると言わざるを得ません。龍の国・日本で、辰年の初めに、龍頭の地に大きな動きが訪れたのです。

被災された方々を思うと心は痛みますが、こうした動きを経て、新しい日本、新しい地球の再生を果たそうとしているのです。石川県に限らず、日本各地が混乱の中にあります。地震に限らず、火山活動や気象変動による災害が、日本だけではなく、続くことになるでしょう。

また、今後は政治の腐敗、経済や教育システムの歪みなど、今まで平穏に見えていた社会の中で隠れていた改めるべき事柄が、一気に表面化することでしょう。セクシャルな加害行為に厳しい目が向けられるようになったのも、そのひとつ。**今までなら見て見ぬふりをされていたこと、「そういうもの」として見過ごされてきた事柄が、ディセンションサ**

イクルからアセンションサイクルへと変わる過程で明るみに出ることで崩壊し、再生・再構築されていくのです。

「なぜこんなにおかしなことばかり起こるのか」と思うような事柄は、時代が大きく変わっていく中での軋みだと言えるでしょう。

次元上昇への年月の流れ

アセンションに向けた地球の変動は、２０１２年から本格的に始まっています。そしてこれから地球は、「古い地球」と「新しい地球」に分かれていきます。ここで現在までの流れを確認し、これから起こることを整理しておきましょう。

【２０１８〜２０２０年】
目醒めのゲートが大きく開く

２０１８年から２０２０年の３年間は、新しい地球へのゲートが大きく開いていました。眠りから醒め、新次元の意識へと移行することを決めた人たちは、ゲートをくぐって新しい地球へと大きく前進しました。

【2021年冬至（12月22日）】目醒めのゲートが閉じる

そしてゲートは2021年の冬至に、いったん閉じることとなりました。ではもう間に合わないではないか？　と思われるかもしれません。しかし、今この本を手にしている皆さんは、ゲートが閉じる前に、無意識レベルであったとしても、目醒めることを決めた人たちで、新しい地球へと着々と進んでいます。

【2022〜2025年】大激動、大変革の時代

2022年から2025年は、古い地球と新しい地球の分岐に向けた大激動の時代になります。2024年現在は、その流れがさらに加速している状況です。その変化の度合いは2025年が最も激しく、7月にその節目を迎えます。社会のルールや一般常識とされていたものがここを境に大きく崩壊するので、執着が強いと痛みや苦しみを伴いやすいと

言えるでしょう。目醒めることを決めた人たちに対して、「本気で目醒める気がありますよね？」という問いが投げかけられ、テストをされているような状況です。僕たちの意識の成長度合いによっては、こうしたドラスティックな変化は、２０２８年ごろまで続くかもしれません。

【２０２６～２０２８年】再構築・再生の時期

２０２６年からは立て直しの時期です。さまざまな事柄の再構築、再生が始まります。つまり、崩壊したものの立て直しが図られます。また、人々の意識変化と変化の共有がスピーディになります。

【２０２８～２０３８年】集団アセンションの完了

２０２８年はいよいよ二極化の終焉の時です。２０２１年からの地ならし、破壊、立て直しを経て、古い地球と新しい地球というそれぞれが選んだ世界を完全に体験するフェーズに入るということです。そして2038年には集団アセンションが完了し、大調和の時代がやってくるのです。

✴2038年からは統合と調和の世界へ

古い地球と新しい地球の分岐の過程では、封印されていたものが解放され、正しく機能していなかったものは崩れ、本来のあるべき秩序が新しい地球に引き継がれていきます。そして、龍の国・日本で日本人発の新たな秩序が生まれ、全世界、全宇宙へと伝わっていくことになります。

ギアチェンジした地球で重視されるのは、「調和」と「コミュニケーション」の精神。これは日本人に遺伝子レベルでインプットされ、受け継がれてきた精神なのです。

02 レムリア時代の大調和の精神が、日本を通じて広がる

ここまで、地球で起こりつつあるアセンションは、全宇宙の意思であることをお話ししました。では、僕たちに全宇宙の意思を伝え、全宇宙と地球が一体化するようにサポートしてくれているのは誰なのでしょうか。

それは、神です。

しかし、僕たちが「神」と呼び、敬っているのは地球外知的生命体、いわゆる宇宙人です。そして、僕たちの祖先も宇宙人でした。

地球はE．T．たちの植民地であり、生命を生み出す実験場でした。**ほかの惑星から入植してきたE．T．が、我々の先祖**なのです。混血や遺伝子操作の歴史を辿れば、少なくとも22種族のＤＮＡを備えていると言えるでしょう

✴ 平和を望み、調和を図る龍の精神

宇宙の根源には、わかりやすく表現すると、クズリュウ（九頭龍）が存在します。

クズリュウといっても、形を成していない想念（意識）の集合体です。地球のスタートはこの意識体が大きく関わっていて、だからこそ**日本に刻み込まれた龍の精神は、宇宙の意思**と言えるのです。日本の国土が龍体を成しているのも、龍の形を具現化することで、宇宙の意思を忘れないようにするためなのです。

龍の精神とは、平和を望み、調和を図り、物事の根本を知り、善悪を超えた真理を知ろ

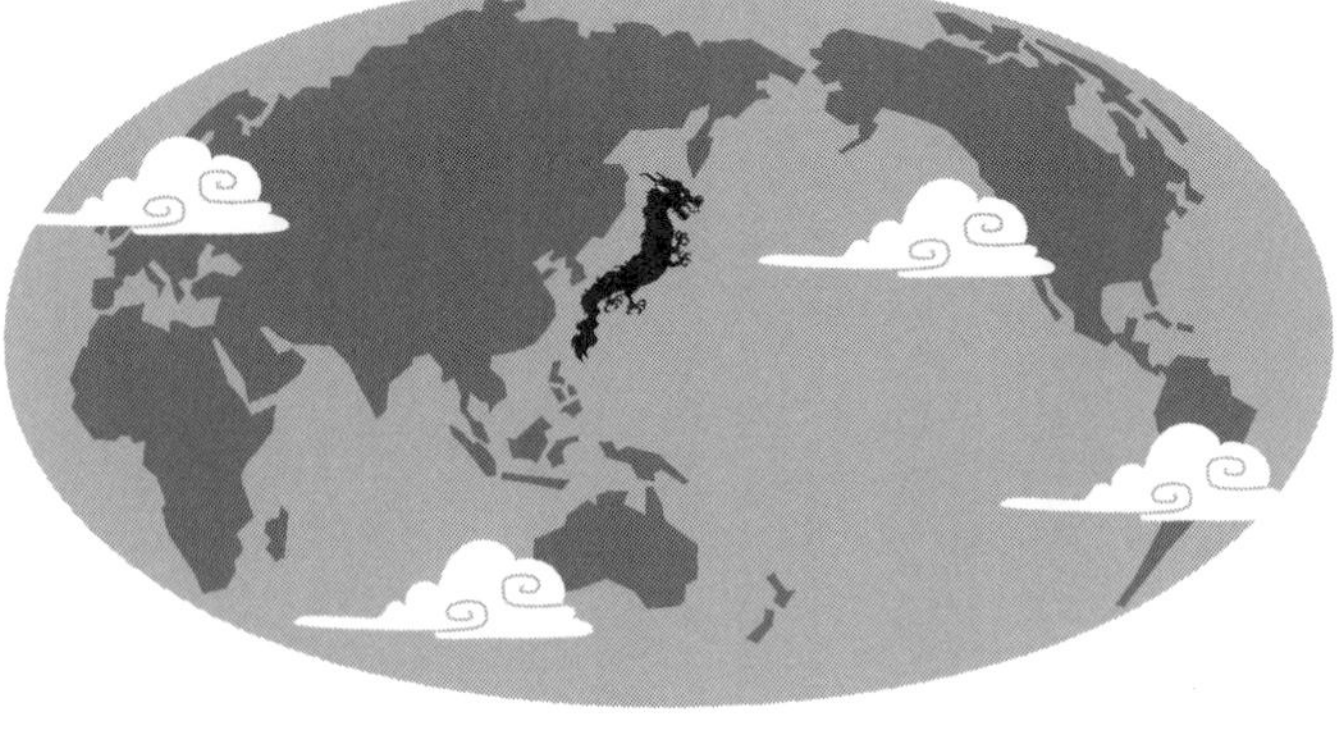

うとする精神です。地球が２０３８年を迎える頃には、こうした精神を携えた大調和の時代が到来するでしょう。

今までの世界は、アングロ・サクソン種族の世界観で動かされていました。善と悪、白と黒で世界を二分する考え方です。しかし**これからは、日本人のＤＮＡに刻み込まれた調和の精神が、世界共通のものになっていこうとしています。**個々の日本人の中で息づいていたものの、覚醒していなかった精神性が呼び起こされるのです。これは後ほど説明しますが、レムリア時代の高い波動を、より高いレベルで復活させることを意味しています。

天の川銀河と全宇宙の統合が始まる

ではなぜ、これから２０３８年にかけて、宇宙はアセンションを迎え、日本人の調和の精神が必要とされるようになるのでしょうか？

これは、現在、僕たちが存在する宇宙ではない並行宇宙（パラレルユニバース）においいて、地球が属する天の川銀河が孤立し、統合されずにいる状況を打ち破るためです。なぜなら、どの並行宇宙も互いに影響し合っていて「全てでひとつ」だからです。

その並行宇宙では、かつて凶暴性の高いウイルスがパンデミックを引き起こし、宇宙中が大混乱を経験しました。この未曽有の事態を終息させるために、さまざまな星や惑星が協力し協定を結ぶことで、宇宙中の統合が進んでいったのです。

しかし、地球が属する天の川銀河はこの統合の波に乗らず、さらに分離を深めていきました。簡単に言うと、**天の川銀河内の特に地球に住まう存在たちの欲望やプライドが、統合を拒んだ**のです。しかし、ほかの銀河系の存在たちは、こうした意識を手放すことを、いち早く選択しました。そのため、**このまま天の川銀河の分離が進んでいくと、分離とは収縮する性質を持つため、極限まで収縮することで、天の川銀河がブラックホール化し、ほかの銀河がもろとも吸い込まれることになるかもしれないという危機に陥った**のです。

天の川銀河のブラックホール化の阻止が課題に

そこで、それぞれの星や惑星の優秀な学者たちや、宇宙の評議会を構成するメンバーたちが一丸となって、どうすればこの危機を乗り越えることができるかについて研究し、話し合い、最終的に割り出したのが、今現在、僕たちが住んでいる宇宙の、天の川銀河内の「地球」が統合されること……つまり、**僕たちの在り方が、ブラックホール化を阻止することになる**、という結論に至ったのです。

だからこそ現在、地球人の意識を調和に導き、天の川銀河全体の意識を変えようと、全宇宙を挙げてのバックアップ体制がとられて

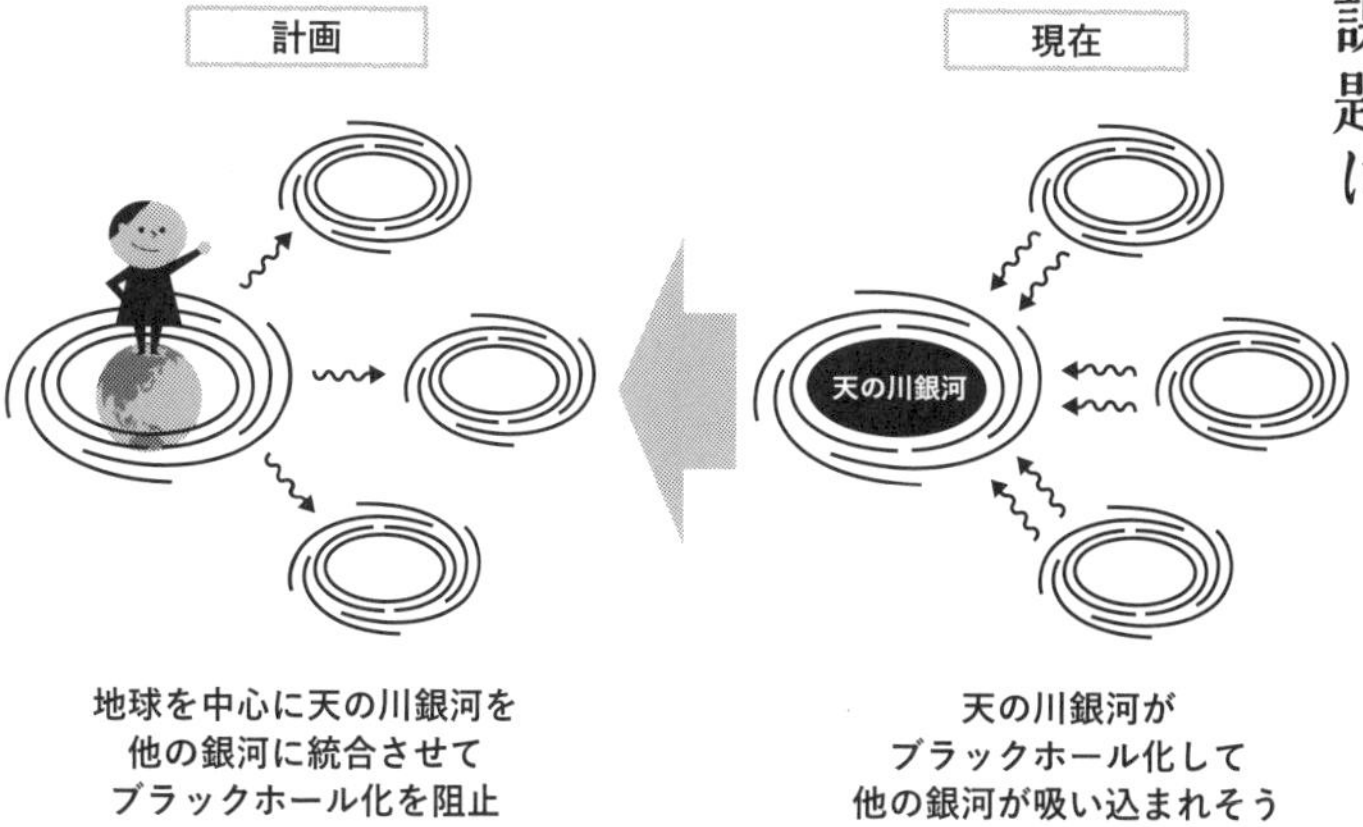

地球を中心に天の川銀河を
他の銀河に統合させて
天の川銀河が
ブラックホール化して
他の銀河が吸い込まれそう

いるのです。天の川銀河内、地球に向け、アセンションを促すためのたくさんの情報とエネルギーが注がれていて、全宇宙の統合を図ろうとしているのです。

排除の意識を手放そう
批判をやめよう
善悪の概念を超えて、真の調和を実現しよう

そんな全宇宙の強いメッセージが、地球のアセンションを推し進めています。

そして、地球の数ある国の中でも、大調和のエネルギーを広げる役割を担っているのが、日本なのです。なぜなら、**日本人にはレムリア時代黄金期に体現されていた高い次元の「大調和の精神」が魂レベルで息づいている**からです。

平和で高い精神性を備えたレムリア文明

レムリア時代という言葉を、聞き慣れない人もいるかもしれませんね。

レムリアというのは、かつて存在していた大陸であり、文明です。レムリア大陸は環太平洋火山帯に沿って広がっており、その西端は日本の現在の先島諸島まで連なっていました。与那国島の海底に沈んでいるのは、レムリア文明の遺跡です。

レムリア文明は250万年前にはすでに存在しており、長い年月の間、続きました。そして、テクノロジー的にも高度に発達し、かつ調和の精神に富んだ文明でした。いわゆるエリートE．T．たちによってもたらされたその文明は、とても平和な時代だったのです。

主な特徴として、レムリアには「所有」という概念がありませんでした。なので、ひとつのものを取り合ったりせず、必要なものはみんなで共有していました。

また、レムリアでは「男性である」「女性である」というジェンダーの意識、性差の境目も希薄でした。現代社会では近年ジェンダーレスの意識が高まっていますが、こうした意識の原点はレムリア時代にあると言っても過言ではなく、現在は目醒めに向かい、当時の魂が呼び起こされているのです。

さらに、レムリアでは異なる意見を言う人がいても、排除したりはしませんでした。批判したり、ジャッジしたりするのではなく、みんなで向き合い、どのように調和、統合させるかを考える社会だったのです。

こうした穏やかで平和な時代がしばらく続きましたが、文明の成熟が進むにつれ、平和を倦む人たちも生まれました。のちにアトランティス文明が生まれ、そのアクティブでアグレッシブなパワーにエネルギーを吸い取られるように、レムリアは終焉を迎えます。高次の波動が急激に落ち込み、ある日突然、大陸は海底に沈んでしまったのです。しかし、レムリアの調和に満ちていた過去世は、残されたレムリア大陸の一部である龍の国・日本と、そこに住まう日本人に受け継がれました。

争いを好まず、他者を尊ぶ精神
困難な事態に遭遇しても、協力し合って乗り越えていく団結力
モノを独占せず、みんなで分け合う無私の心

日本人の心は、レムリア時代の成熟期、最高バージョンの調和の心やその記憶とつながっているのです。

03 争いや諍いの世界から、再びレムリアのような調和の世界に

地球にはさまざまなE．T．が入植しましたが、種族によって成長のスピードも、達成していた意識の次元や能力も違いました。

高次の意識や能力を備えたレムリア人は、成長は遅くとも同じように高い次元に到達しようとする他の種族の成長を辛抱強く待っていたのですが、アトランティス人たちは、もっと早く進化させることを望み、レムリアにも介入する中、双方の対立が深まっていったのです。

攻撃的な側面も併せ持つアトランティス人ですが、積極的で押しの強い波動が若者に支持され、大きくその勢力を拡大していったのです。

ただ、その勢いが行き着く先は分離であり、レムリアと同じように、遂には海の藻屑となりました。当時、文明の中枢を担っていた高位の神官たちはさまざまな土地へと逃げの

び、そこで新たな文明を築き上げます。それがエジプト文明やギリシャ文明であり、神話の中で語られているゼウスやアポロン等の神々は、アトランティスの高位神官たちなのです。

✴低い次元にとどまることの魅力もある

ある観点から観た時に、地球人が1万3000年もの間、目醒めではなく眠りを選び続けたのは、闘うことや積極性を求めたためだけではありません。低い次元にとどまることの魅力もあるからです。

高い次元の意識は、調和そのものです。喜びや楽しさ、安らぎ、幸福感で満たされていて、他者と自己を隔てる境界もありません。知りたいことは瞬時にわかり、行きたいところにも思い描いた瞬間に行くことができ、望みがすぐに満たされます。ワンネスという全てとのつながりを体感しているので、対立することがないのです。

ところがほとんどの地球人は、不安、不満、恐怖、絶望、孤独、嫉妬という感情の揺らぎに溢れています。

ネガティブな感情、「辛い」「苦しい」といった意識は、ときとして刺激的で魅力的です。遊園地のアトラクションのように、いつしかスリリングな「お楽しみ」となってしまったのです。魂は肉体が死を迎えると次の世界へ移行しますが、一時のお楽しみのつもりで**低い波動の地球で過ごした魂は、輪廻を繰り返すうちにすっかり地球のアトラクションにハマってしまい、中毒のように低い波動にとどまる**ケースも増えていきました。

日本にはレムリアの魂を持つ人が多く転生

しかし、レムリアの精神が全て淘汰され、消滅してしまったわけではありません。アトランティスがそうであったように、**レムリアの調和の精神は、高位の神官たちによって引き継がれ、日本の縄文文明も継承先のひとつ**でした。初期縄文文明は、残された大陸に移り住んだレムリア人の精神が元になっています。

また、オセアニアの海洋部の島々の人々、ポリネシアンにもレムリアの魂が受け継がれています。日本人に多く引き継がれている調和の心とは表れかたが違いますが、大らかで明るく、ポジティブな波動に満ちていて、批判に心を尖らせることのない意識です。

こうして地球上のいくつかの場所にレムリアの精神が受け継がれていくのですが、日本には初期縄文文明だけでなく、その後もレムリアの魂を持った人々が多く転生してきています。

なぜならそれは、宇宙全体の意思として、地球にレムリアの大調和の精神を復活させ、並行宇宙における天の川銀河のブラックホール化を防ぐための拠点は、日本が最もふさわしいと判断されたからです。

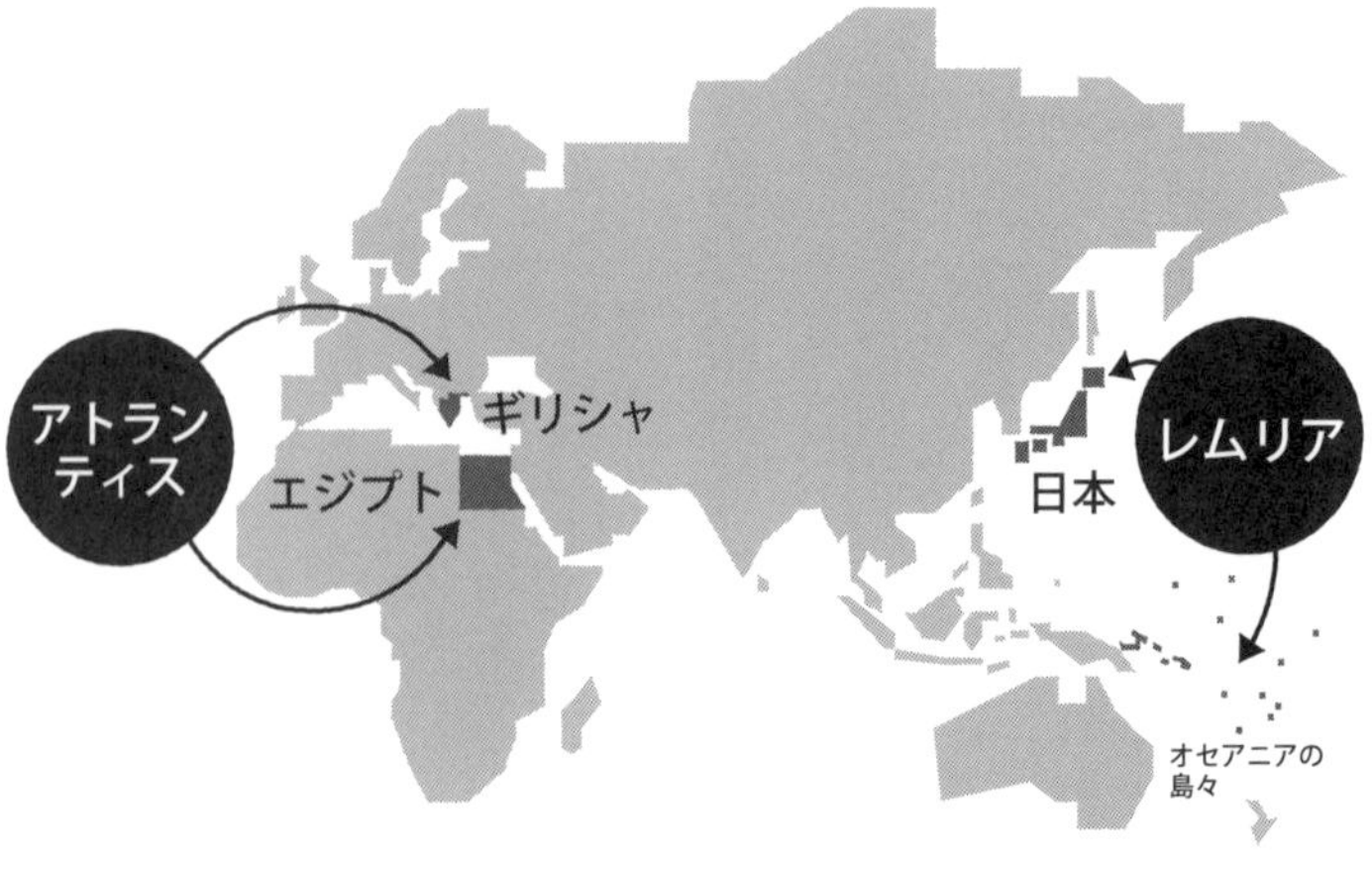

✴より高い次元の意識を獲得する訓練が始まっている

しかし、ひとことで「大調和の精神を復活させる」と言っても、その目的は長い歳月の中で変化していきます。

初期縄文人たちに与えられた使命は、レムリアのエネルギーを絶やすことなく受け継いでいくことでした。しかし、僕たちに求められているのは、

困難な状況に直面したときに、状況を打開する力を引き出せるか
窮地に陥ったときに、クリエイティブに創意工夫ができるか

そういったことが試されているのです。

言ってみれば今は、「火事場のバカ力」を試されているのです。レムリアの精神を復活させるために、魂を大きくアップグレードしようとしているのです。ありとあらゆる局面に対峙し、経験値を積み、より高い次元の大調和の精神を獲得しようとしているわけです。

災害が相次ぎ、世界中で争いが起こり、戦いが終わらない世界。「平和」を求める一方で、決して武器を捨てることをしない人々。

こうした複雑でシビアな状況下で、窮地に陥ることで潜在能力が高まるのです。困難を経験してレムリアの精神性を復活させる意味は、ここにあるのです。

✴地球のパンデミックと宇宙のパンデミック

この数年、地球では新しい病による世界的なパンデミックが起こり、全人類が大混乱にさらされました。しかし、この地球が経験したパンデミックと、並行宇宙が経験した感染率の高いウイルスによって引き起こされたパンデミックは、まったく性質が異なります。

並行宇宙のパンデミックは、人々が凶暴化するウイルスで、現在の地球のパンデミックとは、比べるべくもないものでした。だからこそ、全宇宙が団結し、調和しなければ乗り越えられないものだったのです。

地球で起こった感染症によるパンデミックは、言わば経験値を上げるためのテストです。

どうやったら感染を防げるのか
感染したらどう対処するのか
ワクチンを作るのか、作らないのか
ワクチンを打つのか、打たないのか

危機的な状況の中で、世界中で人々が判断を迫られました。今までの古い地球で多用されていたのは、「良い・悪い」「正しい・間違っている」「早い・遅い」といった二元論で物事を捉えることでした。

二元論では、一方をネガティブな基準でジャッジします。しかし、この数年間の地球が経験したのは、二元論では断定できない事柄の連続でした。**単純な物差しでジャッジできない複雑な要因や事象を、「自分がどう思うか」という基準で選び取る。基準を自分に求め、「自分はどうしたいのか」という自身の感覚を大切にする。**内省の経験値を積んだのです。

✴ボーダーレス、シームレスな新しい世界

並行宇宙が団結して統合が進む中、調和の輪から外れてしまった天の川銀河。さまざまな経験を積みながら高い次元の調和の意識を獲得し、全宇宙と一体化させようというのが現状ですが、そんなことを本当に日本発で伝播させることができるのだろうか？　という懸念も頭をもたげてくることでしょう。

しかし、そこは心配するに及ばないかもしれません。実際、すでに調和に向けた兆しも見えて来ています。

男女の性差の垣根をなくす、トランスジェンダーの試み
車や自転車のシェアリング
服や装飾品のサブスクリプション

などといったことは、今までになかった調和の精神が反映されたアクションのひとつとも言えるでしょう。数年前は概念でしかなく言葉だけが一人歩きしていたものが、ごく身近なものとして浸透してきているのを、皆さんも身をもって感じているのではないでしょうか。

また、感染症のロックアウト期間中にコミュニケーションの手段も変化し、飛躍的に進化しました。映像で、ＳＮＳで、国境を超えて人々が交流するようになりました。今や言葉や地理的な隔たりを超えて、見ず知らずの人同士が意思の疎通を図れるようになったのも、大調和に向けた流れなのです。

「できない」「やれない」と判断する前に、「やってみたい」「（国境や人種、言葉のギャップを越えて）つながってみたい」という自分の声に素直に耳を貸せるようになったのです。

世界がボーダーレス、シームレス化している昨今ですが、この流れを力強く日本がリードし、調和の精神を普及させていくのです。

04

2012年から始まった「新しい地球」へのシフト

すでにお話ししましたが、もう一度整理すると、古い地球から新しい地球への分岐に向けた本格的なアセンションへのプロセスは、2012年からスタートしています。変容は2018年から加速し、2021年にひとつの山場を迎えました。

2022年からはさらなる変動が始まっていて、**2022〜2025年の4年間は大激動の時代**となります。2024年は本格的に新しい地球へのスタートを切った年で、古い地球と新しい地球の分岐が一気に加速し、古い地球での生き方を変えなければ、新しい地球にシフトすることはできません。それは、全くこれまでとは違う地球へと変貌しようとしているからです。

2025年の変化は特に大きく、激しい変化に苦痛を伴うこともあるかもしれません。

そして、２０２６年から２０２８年は立て直しの時期。壊れてしまったものを再構築する流れができてきます。この立て直しの流れは２０２８年に区切りを迎え、そこからいよいよ２０３８年の新しい世界の創造へとつながっていくのです。

２０２８年からは目に見えて社会が変化

２０２８年から２０３８年までの10年間は、完全な目醒めのための助走期間です。意識レベルが変わり、意識が変化するスピードも加速するので、次元上昇が急速に進みます。そして、人類の統合が加速するので、その意識の変化が具現化されるようになります。

現在は各地で別々の言語が使われていますが、多言語がひとつに統合されていく動きが加速するかもしれません。そのプロセスにおいて、日本語が注目されるようなことも起こるでしょう。

現在はＳＤＧｓ的思考で、天然素材を使った建物が建てられ、資源の無駄を出さない環境配慮型の建築物が増えてきましたが、今後は今よりもさらに自然と調和し、一体化した建物が増えてくることになります。たとえば天然素材を使って、樹上や地中などにも家が作られるかもしれません。

農業や畜産においても、よりストレスのない栽培・飼育方法が考案されます。食べ物の概念が変わり、プラントベースの食品も増えるでしょう。

テクノロジーも新たな技術を競い、勝ち抜くものから、多くの人がより満足感や安心感を得られるものへと変わっていくでしょう。

つまり、**他者と調和し、相手を損なわないという意識、考えかたが具体的な形として表れるようになる**のです。

ペットショップを例にお話ししてみましょう。

今までなら、意図的に劣悪な意識と環境で経営しているケースは別にして、二元論で「ペットショップは悪」と判断し、そこにいる生き物はかわいそうな存在であり、ペットショップの経営者は悪者であるとジャッジされるケースもありました。しかし、十分な水と食料があり、自由に運動できる空間や動物たちが安心して過ごせる寝床がある環境なのだと捉えることができたら、また別の視点で見ることもできるのではないでしょうか？

人それぞれ、さまざまな考え方や捉え方がありますが、一番気をつけるべきは、「これこそが正しい」「自分は間違っていない」という排他的な意識です。それが過ぎてしまうことで、「正義の名の下に」、それこそ「悪」と判断していた行為が正当化されてしまうこともあるのです。

話は戻りますが、ペットショップで動物たちが適切なケアを受けられ、快適に過ごせる環境であるなら、ペットショップは、パートナーを組むことになる動物が僕たちと出会うまでの、安心できるステイ先になり得るのです。

新たな地球では古い地球の常識は過去の遺産となり、形態も在り方も、全く様変わりしていくことになります。

人間の霊的能力も進化して、いずれはテレパシーで意思疎通をするようになるなど、コミュニケーションの在り方も変化します。すると、今よりずっと深く共鳴し合えるようになるのです。

05

２０３８年、競争から調和の時代への変化が完了

人々の意識や社会全体の変化は、２０３８年に区切りを迎えます。**天の川銀河がブラックホール化することを防げれば、全宇宙が統合**されます。

天の川銀河が、地球を中心として宇宙の大調和をリードしていければ、宇宙は統合ののちにワームホールに吸い込まれ、その反対側に吐き出されるような形で、新たなフィールドが出現することになります。これが、いわゆるアセンションです。

もし、こうした形態のアセンションが叶わない場合は、地球は最も高度に進化した並行宇宙の天の川銀河内、惑星地球にスライドする形でドッキングして、アセンションを果たすことになります。

どちらの道も簡単とは言えませんが、今は地球に住まう人々の意識を高め、どちらかの形態でのアセンションに向かって歩みを進めているときなのです。

✴アセンションを果たせば、世界は自ずと調和が取れてくる

アセンションが起こると、宇宙のあちこちで生じた小さな事象がパズルのように組み合わさり、まとまります。人々はあるべき姿、本来の自分の意識を思い出していくのです。**あるべき姿とは、「完全な意識」であることを知っている状態**です。具体的には、

- **自分の内なる神の声を聴くことができる**
- **どんな現実が起きても、その責任の所在を他者に置くのではなく、自分に置くことで、人生に100％の責任が持てる**
- **「不安、怖れ、迷い、疑い」といったネガティブな感情、特に「罪悪感」や「無価値感」を手放している**
- **あらゆる事柄を善悪などの二元を超えて、ニュートラルな意識で俯瞰できる**
- **自分が人生の創造主であることを理解し、自らの意思で望むことを望む通りに具現化する**

といった意識を獲得した状態です。

こうした「完全な意識」を取り戻した意識は、たとえばパンデミックを体験するような現実を創造することはありませんし、摩擦の周波数がないため、争いや諍いとは無縁になり、調和が取れた現実を創造していくことになるのです。

宇宙はいくつも存在する

2024年現在は、古い地球から新しい地球へと向かう旅が本格的に始まっていて、痛みや不安を伴いながらも人々が動かざるを得ない状況です。

今まで「古い地球」と「新しい地球」に分かれていくというお話をしてきましたが、これは精神論ではなく、「実際に分かれる」ことを意味しています。

前述の並行宇宙の話を思い出していただきたいのですが、それと同時に並行世界（パラレルワールド）が存在し、お話ししている地球の分岐とはまさにこのことを言うのです。

つまり、自分の意識と在り方が、どちらの地球に一致しているかで、これから各自が体験する地球は、全く違う様相を帯びていくということです。

ただ、各自の選択なので、誰もが新しい地球にシフトするわけではありません。

たとえば、「最近、ラッキーなことばっかり起こるな」というときは、幸せや豊かさに満ちた並行世界にチャンネルが合っていることになります。逆に「なぜ自分ばかりこんな目に遭うのだろう」と思うような、理不尽で不条理なことばかりに見舞われるときは、怒りや絶望に満ちた並行世界にシフトしているのです。

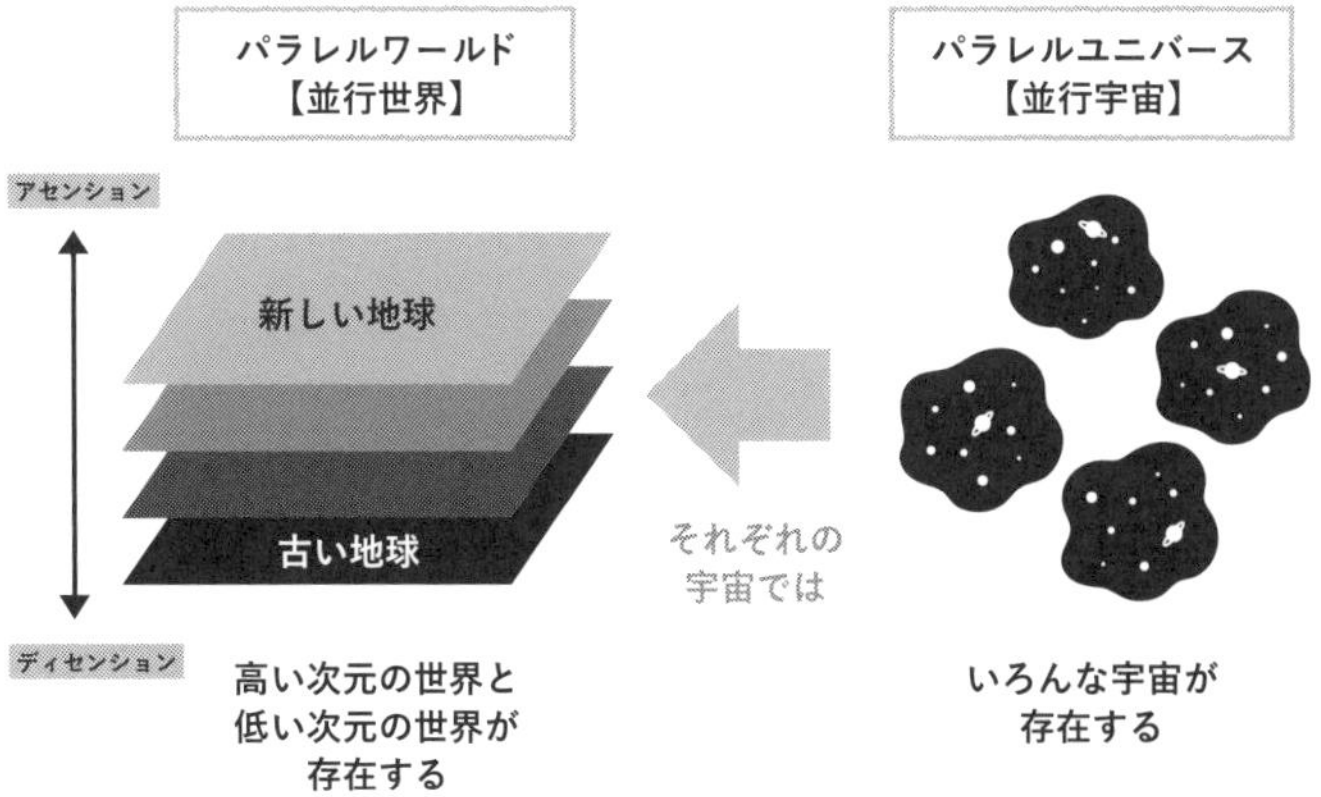

であるならば、相手を変えようとしたり、周りに変わってもらおうとするより、自分が変わってしまえばいいのです。

いつまでも居心地の悪い地球にとどまるのはやめましょう。

周波数（意識）を変え、違うバージョンの地球にシフトする方がいいと思いませんか？

そう、すでに古い地球から新しい地球へ移行する旅が始まっているのです。アセンションの波に乗る意思がある人は、確実に新しい地球へ移行することになるでしょう。

しかし、馴染みのある古い地球のほうがいいと思う人もいるのです。そうした場合、古い地球に居続けることも可能です。**アセンションのプロセスは、自らが最もふさわしい環境を選ぶための契機でもある**のです。

06 古い地球と新しい地球とは？

では「新しい地球」とはどのような世界なのでしょう？

新しい地球は、自分が軸になる世界です。

情報を発信するのは自分から。自ら何かを生み出そうとします。

本来の意識に目を醒ました人たちは、価値判断から何から全てが自分軸となるので、他者と自分を比較して気持ちが乱れたり、不安に思ったりすることもありません。困難な事態が起こっても、自身の内に宿る神の声に耳を傾けながら、状況を打開していくことができます。

完全に自分軸に一致していると、ブレることがなく常に穏やかに過ごせるようにもなります。これは、自分を尊重するのと同様に他者を尊重し、調和して過ごすことができるからです。

他責の意識が強い「古い地球」

一方、「古い地球」の人々はどうでしょうか。

古い地球では、軸は他人にあります。「あの人がいいと言っていたから」「あの人のせいでこうなった」と、全てを外の要因のせいにするので、状況によって意識も行動もブレがちになります。また、物事を「善」か「悪」かの二元論で捉えようとします。

周囲の人と同じことをしていても、自分自身がその行為をしたいと思って選び取っているのと、自分の意思がなくただ付き従っているのとでは、意味合いはまったく違います。

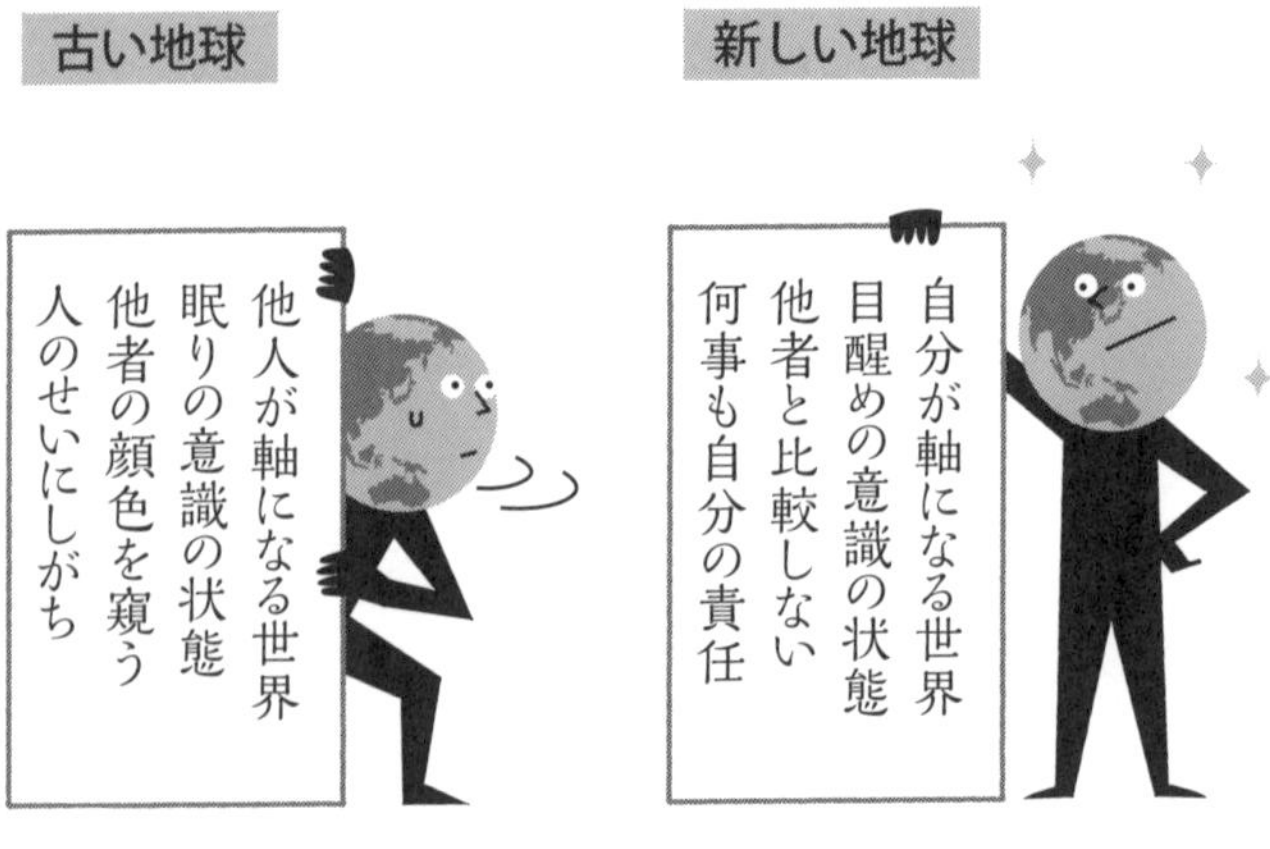

周りの人と共鳴し、調和することと、迎合するのは違うことなのです。

他者の顔色を窺い、他人に責任も選択権も委ねている状態は「眠り」の意識と言えるでしょう。そんな眠りから目を醒まし、先に進むには「物事の原因を他人のせいにしたり、ジャッジしているのは自分自身の意思である」ということに気づく必要があります。

言い換えれば「周りのせいだ」と思っていることの原因が本当は自分にあって、自分の意識を周りに投影しているだけなのだ、ということに気づかなければならないということです。

目醒めの流れに乗れば、何をしていても次元上昇する

前述の理由から、眠りの在り方を続けていれば、新しい地球で生きていくことはできません。

でも、安心してください。**この本を手に取っている段階ですでに、あなたの意識は自分に軸を置き、アセンションの流れに向かっていっています。**

真の調和の意識が芽生え始め、他者と対立したり、責任を押しつけたりするのではなく、周囲と共鳴しながら高次の存在へと次元上昇を始めているのです。地球を生きている者として新しい世界を共同創造し始めています。

目醒めの流れに乗った人は、部屋の掃除をしていても、食器を洗っていても、日々の雑事を行っていても、魂が上昇するためのステップを踏み続けているのです。

日本古来の神々が、気づきを与えてくれる

2021年の冬至に、僕たちは、目を醒ますか、眠り続けるかの選択を迫られるタイミングを迎えました。そして今年、2024年からは古い地球と新しい地球の分岐が著しく加速しています。

今、僕たちの意識は、古い地球と新しい地球を行き来することがまだ可能ですが、だんだんと乗り換えが困難になっていき、2028年には古い地球と新しい地球が完全に分かれることになります。

自らの意思でどちらの地球に行くかを選択できる今、道を見極める必要があります。**目を醒ますことを明確に決め、新しい地球への道を選ぶのであれば、僕たちの祖先、つまり地球に降り立っていた神（E．T．）が助けとなる**でしょう。

龍の国・日本に古（いにしえ）より存在していた神々は、E．T．の中でも、特に調和の精神に富んでいます。

大山祇神（おおやまずみのかみ）
大国主命（おおくにぬしのみこと）
素戔嗚尊（すさのおのみこと）
国之常立神（くにのとこたちのかみ）
菊理媛神（くくりひめのかみ）
瀬織津姫（せおりつひめ）
邇芸速日命（にぎはやひのみこと）
木花咲耶毘売（このはなさくやひめ）
石長比売（いわながひめ）

この九柱のレムリアの心を持った神々が、力と気づきを与えてくれます。
次章では、この先祖たる日本の神々についてお話ししましょう。

第二章

神の国、日本と日本人の使命

大調和の世界を実現する鍵となるのが、日本です。日本人にDNAレベルでインプットされている調和の精神が、全世界の、そして宇宙の調和や統合を加速させてゆくことになります。そして、日本人の調和の精神を呼び醒まし、導いてくれるのが、日本古来の神々なのです。

01

地球は生命を生み出す実験の場だった

僕たち地球人はどのようにして生まれたのでしょう？

この地球（テラ）は、宇宙人にとって、非常に魅力的な植民地であり、実験の場でした。光に溢れ、植物が多く、水のある惑星、地球。この美しい惑星は憩いの場でもあり、今、僕たちがリゾート地に遊びに行くように、E．T．たちが好奇心を満たすために訪れる場所でした。たくさんの種族が地球に降り立ち、それぞれの星や惑星の科学技術を試していたのです。

彼らにとって、この豊かな資源のある地球は格好の実験の場であり、生命を作り出したり、ムー、レムリア、アトランティスなどの高度な文明を作ったのも、E．T．たちです。それほどに、この地球は彼らにとって魅力的であり、こぞって入植してくることになったのです。

この地球に生命を作り出すことは、テラの意思でもあり、テラとともに、地球を繁栄させることのできる種族が必要だったのです。そのため、6種類ほどの人類が作られましたが、その中で生き残ったのが「ホモ・サピエンス」、つまり今の人類です。

最初の地球人を作り出したのはアヌンナキ

最初に人類の祖先となる生命体を作ったのは、「アヌンナキ」と呼ばれる宇宙人でした。アヌンナキは「ニビル星」という惑星のE．T．です。ニビル星は未だ天体観測においては確認されていませんが、地球と同じ太陽系に属する惑星です。

あるとき、ニビル星の防護壁とでも言うべき大気に亀裂が入ってしまいました。この防御壁には、宇宙から降り注ぐ有害な宇宙線を防御する役割があり、ダメージを食い止めるために修復が迫られたのです。

大気を修復するためには金（ゴールド）が必要だったのですが、そこで注目したのが地球でした。

アヌンナキは、非常に高度なテクノロジーを持っていました。そのため、**地球で金を採掘する際の隷属種としての生命体を作り出すことを計画した**のです。

なぜなら、彼らは地球の重力に上手く順応できなかったため、活動できる時間が限られるのと同時に、肉体的な負担が大きかったからです。

アヌンナキは、爬虫類的な容貌をしています。「アヌンナキ」とは古代バビロニア語で「空から来た人」という意味です。古代シュメール文明の遺跡には、アヌンナキが爬虫類のような姿をした神として描かれています。

✴地球人は約22のE.T.種族のハイブリッド

人類は、この地球における実験に参加した、約22種族のハイブリッドです。つまり、彼らの遺伝子が刻み込まれているのです。

シリウス星系

プレアデス星系
アンドロメダ星系
琴座（リラ、ベガ）星系

これらのよく知られた星や惑星の種族も、地球に生命体を作り出す実験に参加しています。そのため、**地球人にはさまざまなE．T．の遺伝子情報がインプットされています。**

ここで、それぞれのE．T．たちの大まかな特徴を見てみましょう。

シリウス種族

シリウスは地球から見える惑星の中で、太陽を除くと最も明るい恒星で、「おおいぬ座」の一角をなす星です。「シリウス」はギリシャ語で「焼き焦がすもの」を意味します。

［シリウス種族の特徴］
・知性が高く、頭の回転が速い
・穏やかで物静かなタイプと

穏やかで社交的なタイプがいる
・科学技術に精通している
・負けず嫌いで努力を惜しまない
・芸術にも秀でている
・手先が器用

プレアデス種族

プレアデスの和名は「昴（すばる）」。複数の星の総称で、「牡牛座」を構成する星団。強く特徴的な光を放ち、ギリシャ神話にもしばしば登場します。

［プレアデス種族の特徴］
・ポジティブで明るい
・争いが嫌い
・自身の知識や知恵を授けることを厭わない

・高い技術を持っている
・献身的で博愛主義

アンドロメダ種族

アンドロメダ銀河は、地球から遥か遠く、約250万光年の先にあります。地球から肉眼で見える最も遠い銀河とも表されます。

［アンドロメダ種族の特徴］
・理想主義
・自由を愛していて、ロマンチスト
・クリエイティビティに秀でている
・目醒めを強く支援

琴座（リラ）種族

「如来」として知られる存在が、リラの種族です。彼らは美しい羽根を持ち、天使と間違

われることがあります。そして彼らこそが、人類種の祖にあたります。

［リラ種族の特徴］

・ニュートラルな意識を持っている
・無条件の愛を体現できる
・受容性が高い
・包容力がある

琴座（ベガ）種族

ベガは七夕のおりひめ（織女）星として知られています。「夏の大三角」の一角を形成する星で、明るい光を放つ一等星です。

［ベガ種族の特徴］

・優れた指導力を持っている
・行動力がある

・説得力がある
・安らぎのある深い優しさを
持っている

つまり、**アヌンナキが作った人類種の原型に、さまざまなE．T．たちのDNAを刻印されたのが地球人**なのです。

アヌンナキには従順な奴隷が必要だった

シリウス種族やプレアデス種族は、生命体を創造すること自体に喜びを見出していて、「経験を積む仲間を作ろう」という思い以上の目的はありませんでした。

しかし、**アヌンナキが僕たちを作った目的は、従順な「隷属種」を得ることだった**のです。

先ほどもお話ししたように、ニビル星は、壊れた大気の修復のために金が必要でした。

金の採掘のために、自星の人々も地球に派遣していましたが、人手も足りなかったのです。

自分たちの命令をよく聞く人間を作ろう

よく働く人間を作ろう

金の採掘をするために、都合のいい奴隷が必要だったのです。結果、隷属種である人間を作り、金の採掘に従事させるようになったのです。

隷属化させるために、地球人にネガティブな感情を植え込む

しかし、意外に思われるかもしれませんが、隷属種とは言っても、僕たちが現在理解しているような奴隷とは違って、自由も与えられていました。音楽などの楽しみ事も教えられ、大切に扱われていたのです。

当時の人間を大事にしていたのは、アヌンナキの中でも「エンキ（エア）」と呼ばれる

存在です。**腹違いの弟の「エンリル」とは敵対関係にあり（エンキは戦いたかったのではありません）、エンリルは逆に、エンキに対する腹いせもあって、人間を激しく虐げた**のです。

つまり、**使役することによって、「罪」と「罰」の概念を与え、「罪悪感」や「無価値感」をより強く感じるような環境を作った**のです。

地球人の転生を阻んで奴隷を続けさせる

こうして、エンリルは地球人を虐げ、波動が上がらないよう策略し、暴虐の限りを尽くしました。

宇宙では死を迎えると、魂は癒やされ回復し、記憶も整理されて次の世界に「転生」しますが、地球では魂が「幽界」というトラップにハマり、完全に癒やされず、傷が回復しないため、記憶も朦朧とするので、**再び生まれ変わっても地球にしか来ることができない、いわゆる「輪廻」のスパイラルにハマってしまった**のです。

すると、魂はずっと低次元にとどまることになります。さまざまな高次元の宇宙人の優れた遺伝子を受け継ぎ、ＤＮＡレベルでは高いポテンシャル（可能性）を持っていたはずの魂も、その可能性をほとんど発揮できなくなってしまいます。

そして、このようなエンリルの横暴を見かねたシリウスやプレアデスの種族たちは、アヌンナキの支配体制に介入し、地球人を助けるようになりました。

✴アヌンナキに介入したシリウスやプレアデスの種族がカルマを背負う

しかし、宇宙には「他種族に介入してはならない」というルールがあります。先にもお話ししたように、魂は成長のために、さまざまなことを体験し、経験値を上げる必要があるからです。

それを知りながら地球人をサポートしたわけですから、シリウスやプレアデスの種族たちは「禁忌を犯した」ことによるカルマを背負うことになりました。その経験から、彼らは現在に至るまで、慎重にサポート体制を整えているのです。

理不尽な支配に立ち向かうには

さて、こうした流れの中、特にシリウス種族は非常に高い遺伝子工学の技術を持っていて、僕たちのDNAにプログラムされた、アヌンナキからの隷属的な影響を解除する操作をしたのです。

なので、**僕たちが望めば、アヌンナキに埋め込まれたネガティブな反応から抜け出すことができます。**

長い時を経ても、ポジティブ側のE.T.たちからプレゼントされていた隷属解除遺伝子は働き続けるのです。**アヌンナキが僕たちに、どれだけネガティブな影響を与えていたとしても、僕たちがそれに気づき、そこから抜け出そうと思えば、波動を上げてその先へ行くこともできる**のです。

シリウス種族から受け継いだ、高い知性と科学技術力
プレアデス種族から引き継いだ、ポジティブで軽やかな精神
アンドロメダ種族から受け継いだ、高い創造力
リラ種族から受け継いだ、俯瞰的な視点と無条件の愛
ベガ種族から引き継いだ、行動力

そのほかにも、さまざまなE．T．たちの叡智と豊かな心が僕たちの中には息づいているのです。

つまり、それだけの可能性が僕たち地球人には内在していることになります。だからこそ、宇宙人たちから羨望の眼差しを向けられ、時に嫉妬されることもあるわけです。

02

世界の神話と日本の神の共通点

こうして地球には生命体が作られ、入植してきた宇宙人たちはリーダーとなり、後世では神と呼ばれるようになったのです。

『古事記』や『日本書紀』にはさまざまな神が登場しますが、これらの神々も宇宙から来たE.T.たちです。彼らは瞬時に時空や空間をテレポートできる者もいますし、ある種の乗り物、またはポータル（エネルギー的な門）を使う者もいますが、地球上のいたるところに出没しました。

中でもニビル星のアヌンナキであるエンリルは、地球の広大なエリアを行き来するようになり、メソポタミアのシュメール文明においても「神」と認識されています。また、後世ではユダヤ教に「ヤハウェ」「エホバ」という神が登場しますが、元は違う宇宙種族だったヤハウェやエホバにエンリルがなりすますようになりました。さらに、日本の初期のアマテラスは、エンリルの息のかかった存在です。

エンリルに限らず、同じ存在が別の文明では別の神として認識されているケースは多々あります。また、「神」として神社に祀られていても、中には神を騙っているだけのものもあり、僕たちをあるべき方向に導こうとする存在ばかりではありません。

だからこそ、「神」を正しく理解することが大切なのです。

✦日本には八百万の神がいる

では日本の神々とは、一体何者なのでしょう？

皆さんは「八百万の神（やおよろずのかみ）」という言葉を聞いたことはあるでしょうか。これは神道の言葉や考え方で、「八百万」というのは「数が多い」という意味で、神様が八百万柱いらっしゃるという意味ではありません。でも、八百万に近いくらい、あるいはそれ以上の神様が日本にはいますよ、ということを表した言葉です。

お日様、水の神様、山神様、森の神様など、僕たちは自然環境の中に神様を見出します。

雄大な自然だけでなく、かまどの神様、トイレの神様、お米の神様など、ごく身近なもの、日常で使っている大事な道具も「神」として扱います。

僕たち日本人は万物の中に宿る神の心を感じ、自然に敬うことができるのです。神様を高いところにいらっしゃる尊いものとして遠ざけるのではなく、常に傍にあるもの、敬うだけでなく、大切に慈しむべきものとしてとらえているのです。

そして、この「神」に対する感覚は、日本人特有のものと言えるでしょう。

山の神がいれば、水の神もいる。どちらも大切に思って頭を下げるし、自然に手を合わせる。神社の神様に手を合わせ、お寺の仏様にも手を合わせる。クリスマスには、キリストにも祈りを捧げる僕たちは「どれかひとつの神様だけ」を選んだりせず、あらゆる神々を大切にし、優劣をつけることもしません。

まさに、**「八百万の神がいる国」が日本**なのです。

E．T．種族が地球の各地に降り立ってリーダー的存在となり、世界には多種多様な宗教が生まれました。しかし一部の地域では、神は唯一の存在としてとらえられ、ほかの神を否定するような教えも広がりました。

しかし**日本では、誰に教えられなくても、誰かに強制されなくても数多くの神を受け入れ、敬い、大切にする**ことができます。神と神の間に分離がなく、異質なものを柔軟に受け入れ、調和していく、ある種の大らかさがあるのです。

これは**龍の国・日本に多くの神が降り立ったこと、調和の精神に富んだ人々が多く転生してきて、八百万の神を受け入れ、大切にしてきたからこそ、なし得たこと**なのです。

2038年の集団アセンションまでに、こうした日本人の心を世界に広げていくことがとても重要になります。

他者を否定して、排除しないこと
むやみに比べ合わないこと
同じ志（こころざし）を持って、ほかの人と協働していくこと

八百万の神のいる日本では、すでに多くの人がごく当たり前のこととして、高い次元に上昇するために必要なことが理解できているのです。

03

2023年、「古代日本プロジェクト」がスタート

『古事記』や『日本書紀』に登場する日本の神々もE．T．種族であるということをお話ししましたが、日本では2023年の春分あたりから「古代日本プロジェクト」と呼ぶべき古（いにしえ）からの計画が始動し始めています。

実は、僕たちをサポートしている神々の間で政権交代が起こっているのです。そして、**2023年の冬至を機に、新たに表舞台に立った神々の勢いが増し、日本を聖地化し、そこに住まう日本人の本来のポテンシャルを引き出し、「神人」としての目醒めを促す機運が高まっている**のです。

このプロジェクトはもともと1万5000年ほど前に立ち上げられましたが、前の政権交代により頓挫していました。

✴国津神と天津神

当初、日本をサポートしていたのは、日本の国土が成立したころに存在していた、土着の神々でした。具体的には、大山祇神（おおやまずみのかみ）、素戔嗚尊（すさのおのみこと）、大国主命（おおくにぬしのみこと）といった神々で、「国津神系」（出雲系）と称されています。

国津神系の神々はレムリア性質を持ち合わせ、調和に満ちています。日本人が「調和を重んじる」「協調性が高い」と言われるのは、彼らのＤＮＡを受け継いでいるからと言えるでしょう。

ところが、**1万5000年前から、「天津神系」（伊勢系）の神が台頭してきた**のです。当初の天津神系の神々は、有能でパワーに溢れていますが積極的な種族で、穏やかに日本を統治していた国津神系の神々に国を譲るように迫りました。

この「国譲り」の逸話は、『古事記』でこんなふうに書かれています。

高天原（たかまのはら）に住む天照大神が、葦原中国（あしはらのなかつくに）に住む大国主命に「その地はわたしの息子、天忍穂耳尊（あめのおしほみのみこと）が治めるべき国である」といって遣わそうとした。しかし、天の浮橋に立って下界を覗いた天忍穂耳尊は、「その地は大変騒がしい」と報告し、葦原中国へと向かわなかった。

そこで、天照大神は天忍穂耳尊の弟の天菩比命（あめのほひのみこと）を派遣した。ところが天菩比命は大国主命の家来となってしまい、三年経っても帰ってこなかった。

次に、別の神の息子である天若日子（あめのわかひこ）に天之麻迦古弓（あめのまかこゆみ）と天之羽々矢（あめのははや）という立派な弓矢を持たせて葦原中国に派遣した。しかし、天若日子は大国主命の娘、下照比売（したてるひめ）と結婚し、国主になる野望を持ち始め、8年経ってもやはり戻ってこなかった。

そのため雉名鳴女（きぎしなきめ）を遣わして、務めを果たさない理由を尋ねさせることにした。すると、天佐具売（あまのさぐめ）という神が「この鳥の声が不吉なので、射殺してしまいなさい」と天若日子をそそのかした。天若日子はその言葉通りに雉名鳴女を射抜くと、血のついた矢は天照大神のところまで飛んでいった。

この後、天照が投げ返した矢によって天若日子は死んでしまいます。神話という形で後世に伝えられるほど、激しい国譲りの争いが繰り広げられたのです。

もう少し、古事記の続きを見てみましょう。

> 天照大神は三番目に建御雷神（たけみかずちのかみ）を遣わした。建御雷神は出雲伊那佐之小浜（いなさのおはま）に降り立ち、波の上に十拳剣（とつかのつるぎ）を逆さまに刺し、切っ先の上に座って大国主命に天照大神の意向を伝え、国を譲るように迫った。
>
> 大国主命は息子の事代主神（ことしろぬしのかみ）に尋ねるようにいい、事代主神は「天照大神の言葉通りにこの国を差し上げましょう」と父に上申した。建御雷神はほかに異論がないかを問いたところ、大国主命のもうひとりの息子、建御名方神（たけみなかたのかみ）が異論を挟み、力比べを申し出た。ところが、建御雷神の手は氷柱や剣のようであり、葦のように建御名方神の腕を握りつぶしたため、建御名方神も従った。

古事記の通りに国津神系の神たちは争いを避け、天津神系の神々に国を譲り、表舞台から姿を消しました。これによって、国津神系の神々による統治が終わったのです。

日本人が本来持ち合わせている協調性は、他者を尊重しながら異質なものを受け入れ、融合させてひとつにまとめる力です。「いいよ、いいよ」と迎合して、がまんして受け入れる類のものではないのです。

アマテラスの統治下では性質が変化して、自らの意思で周囲との和を図ると言うより、「長いものには巻かれろ」「目立たずに周囲に合わせておけば無難」といった、他人軸になっていきました。物事の判断を他者に委ね、困ったことが起こると「こういうことが起きたのはあの人のせい」などと他責的になる「協調性」がはびこってしまったのです。

しかし、僕の感覚では2018年から変化が起きていて、2021年に新しい天照が就任してからは、国津神系の神々が表舞台に戻ってきました。

アマテラスと天照は別物

「国を譲れ」と迫ったのがアマテラス、2018年から天照に変化あり、と言われると、何も変わっていないのでは？　と思うかもしれませんが、**アマテラスと天照は別物**です。

アマテラスはニビル星のエンリルの息のかかった者がその名を騙っていますが、「天照」

はある種の役職名みたいなもので、交代があるのです。

本来「アマテラス」とは「天から降りてきたもの」という意味で、かつてエンリルの息のかかった者がその座に就いたことはありますが、**現在の天照はシリウス系の男性神で「光」の存在、高い意識の穏健な神**が務めています。

また、地球は2万6000年周期で「眠り」と「目醒め」のサイクルを繰り返していますが、**今という目醒めのタイミングと、1万5000年にもわたって続いてきた天津神系の神々の統治の終焉が重なっている**のです。

大調和のアセンションのタイミングに、日本古来の神々が表舞台に立つ。

これは地球のアセンションにおける中心的な役割を担うのが日本になるということを意味していて、日本が大きく変化することで、アセンションをリードしていくということにほかならないのです。

04 古代日本プロジェクトとは

国津神系の神々が日本をリードしていくということは、古き時代の日本人の魂を呼び起こすことでもあります。僕はこうした動きを「古代日本プロジェクト」と呼んでいますが、これは既にお話ししたように、**日本が聖地化されることで、日本人に目醒めが起こり、本来のポテンシャルが引き出されること**を意味しています。それによって世界に、ひいては宇宙に、ポジティブなインパクトを与えることになるのです。

2023年の春分頃から、この「古代日本プロジェクト」が復活し始め、2023年の冬至には、本格的にスタートするに至りました。それに伴い、国津神系の神々の、穏やかで調和に満ちた大らかな性質がいきいきと活性化することで、日本人の目醒めのプロセスが加速しているのです。

こうした流れに乗ることで、僕たちは、天と地をつなぐ、「神人」になります。**僕たちが肉体を持って地球に存在しているのには、もちろん理由があって、そのひとつに、天と地をつなぐという役割がある**のです。

これは、自らが宇宙からの情報とエネルギーを通すクリアなパイプ役となり、地球に降ろすことを意味しています。それによって、地球とそこに住まう生きとし生ける全ての、アセンションのプロセスをサポートすることになるわけです。

✴ネガティビティからの脱却

今、地球はアセンションにおけるプロセスの途上で、大きな揺らぎの中にあります。古い地球と新しい地球という形で分岐し、その浄化の過程でネガティブな事象が噴出しているのです。

地震や火山の噴火
世界各地で起こるテロや紛争

企業や社会的地位のある人の不祥事
経済の混乱
疫病の流行

今まで信じていたシステムがあっけなく崩壊して、「えっ？　この会社が？」「この人が？」と思う信じられない出来事が起こっています。でも、これらの出来事に偶然はひとつもなく、全てが必然です。起こるべくして起こっているのです。浄化を促し、人々が目を醒ましていくために、避けては通れない道なのです。

２０２４年、２０２５年はことさらに治安が悪くなったり、災害が起こりやすくなったりすることで、恐怖や不安を身近に感じるかもしれません。

しかし、**物事の根本を知ろうという心を持ち、真の平和に満ちた状態でいると、ネガティブな出来事にはだんだん遭遇しなくなっていきます。**これはアセンションに向けて意識が高まっていく中、自身の周波数、振動数が上がってネガティブな世界との接点が薄れていくからです。

現実というのは、たったひとつだけではなく、パラレルワールドとして存在しているので、いくつものよく似た地球があるというお話をしましたが、振動数が上がってくると、平和で穏やかな地球にチャンネルが合うようになります。すると、当然ネガティブな現実を映し出さなくなり、代わりに、調和に満ちた世界が具現化することになります。つまり、**僕たちは波動を上げて「こひしたふわよ」（179ページで解説）で振動する本質とのつながりを取り戻すことで、ネガティブな在り方から抜け出すことができる**のです。

05 日本人の使命とは

祈りとは本質に意識を向けることです。そして本質とは愛であり、調和であり、光です。

日本には祈りの精神が浸透しています。

日本では「八百万の神」を自然界の中に見出していますよね？

太陽を「お天道様」、つまり「天の道」と呼んで敬っているのは日本人だけです。毎日顔を覗かせる太陽に、目に見えぬ神の存在を、光の存在を感じ取っているのです。

ご来光や山の木々、息をのむような風景を見たときに人々が自然に手を合わせるのは、その中に息づく神に感応しているからでもあるのです。

自然に対して手を合わせるとき、僕たちの心の中にはどんな思いがあるのでしょう？

なんて美しいのだろう
こんな光景に出会えて幸せ

こんな景色を見せてくれて、ありがとう
ここに来られてよかった
この人（たち）と、この場にいられてうれしい

あるいは、言葉にならない思いが溢れているかもしれません。

このとき僕たちの心の中は、ただただ至福感と感謝で満たされています。そして「みんなが幸せでありますように」とか「今、ここに存在していることへの感謝が湧いてくる」といった満たされた思いが湧いてくるのではないでしょうか？

そう、**本来の祈りとは純粋な愛と感謝の心**です。「ただ与える」という在り方と言い換えられるかもしれません。


宗教によっては、祈りの際に生贄を捧げたりした歴史もありますが、これは本質的な祈りではありません。**神と人間はギブアンドテイクの関係で成り立っているわけではない**のです。これからの日本人の使命には、この本質的な祈りを伝えていくことも含んでいます。

僕たちに「祈り」を教えてくれたのは、瀬織津姫（せおりつひめ）というレムリア時代

にも存在していた女神です。祈るとは、祈りの本質とは何かを伝えてくれたのです。そして今も、日本人の祈りの力を高めようとしています。

国津神系の神々は、日本と、そこに住まう日本人を心から愛し、本来の役割を果たすべく、僕たちをサポートしながら、「その時」を待っていました。その神々が本当の意味で復活してきている今や、日本人としての本来の役割に、しっかりと意識を向けましょう。そして、国津神系の神々と共同することで、パワフルなサポートを受け取ることができるのです。

次章からは、そんな古（いにしえ）から存在している神々から、サポートを受け取る方法をご紹介したいと思います。

教えてなみなみ

正しい祈りの方法とは？

Qちゃん

なみなみ先生、先生はお祈りとは「愛と感謝」だって言うけれど、具体的にお願いしたいことがあるときはどうすればいいの？　たとえば「彼氏（彼女　パートナー）が欲しい！」って思うこともあるよね？

なみなみ先生

そういうときはね、自分ひとりのためにお願いするんじゃなくて、みんなのお願いとして祈るといいよ。「みんなに、すてきな相手が現れますように」って。みんながニコニコと笑顔でいるイメージをもってね。もちろん、自分自身もその中のひとりだよ。

Qちゃん

なるほど！　「わたしがお金持ちになりますように」じゃなくて、「みんながお金持ちになれるように」って、お願いすればいいの？

なみなみ先生

そうだね。次元の高い祈りの意識は統合されて、大きく強い光になっていくから、みんながみんなのために祈るほうがパワーアップしていくよ。それに、天照が新しい神様になってから、その流れは特に強くなっているんだ。新しい神様は全体の祈りを聞き入れようとしているから、個人的なお願いをしてもスルーされてしまうかもしれないね。

Qちゃん

そうなのね。でも自分ひとりが願いを叶えるよりもみんなでハッピーになるほうがいいね。あとはどんなことに気をつければいいの？

なみなみ先生

お祈りにネガティブな気持ちをなるべく乗せないようにすること。「うちの（勉強のできない）息子の成績が上がりますように」よりは「勉強をがんばっている（がんばろうとしている）息子に力を貸してください。がんばっているみんなの成績が上がりますように」というお願いのしかたのほうがいいね。なぜなら、ネガティブな視点からスタートすると、引き出すものもマイナススタートになってしまうからなんだ。それに、ネガティブな視点は波動を落としてしまうだけでなく、自分の潜在意識にも「この子は勉強ができない子」って刷り込んでしまうんだよ。

Qちゃん　そんなの、悲しい〜。

なみなみ先生　そうでしょう？　神様にお願いごとがあるときは、困っているときだから、マイナスなことがたくさん思い浮かぶかもしれない。でもいつも前向きな言葉を選んでいくと、気持ちが明るくなって、ポジティブになれるよ。レッツ、チャレンジ！

第三章 神様と世界を変える

古代日本プロジェクトを担っているのは、主に大山祇神、大国主命、素戔嗚尊、国之常立神、菊理媛神、瀬織津姫、邇芸速日命、木花咲耶毘売、石長比売という九柱の神々です。彼らと共鳴、共振しながら、僕たちは世界を変革していくのです。

01

日本古来のマスターたち

遥か遠い昔に日本に降り立ち、日本を愛し、サポートしてくれている国津神系の神々。中でも、次の九柱の神が、特に現在、僕たちをサポートしてくれている存在であり、僕たちの意識に変化を促すために、サポートを受けたいマスターたちです。

大山祇神（おおやまずみのかみ）
大国主命（おおくにぬしのみこと）
素戔嗚尊（すさのおのみこと）
国之常立神（くにのとこたちのかみ）
菊理媛神（くくりひめのかみ）
瀬織津姫（せおりつひめ）
邇芸速日命（にぎはやひのみこと）

木花咲耶毘売（このはなさくやひめ）

石長比売（いわながひめ）

僕たちに一人ひとり違う性格があるように、九柱の神々にも個性があり、「得意分野」があります。神々は自分の持ち味を活かして僕たちを支え、大調和の世界に向かって行こうとしています。僕たちも自分と向き合い、内省し、足りない面、より強化したいと思う資質を感じながら、それをサポートしてくれる神に意識を向けましょう。

また、それぞれの神とつながるためのワークをご紹介しています。僕がご紹介するワークはどれも「統合」を目的としています。**統合のワークとは、深く眠った意識を目醒めさせるためのもの**です。本来の自分、新しい地球で生きる自分になるために、**これまで使ってきた、低くて重たい周波数を手放すためのワーク**なのです。

神々を思い浮かべながら、心の中で呼びかけ、神々が放つ光を受け取り、感謝の思いでサポートを受け取りましょう。

国津神 File 1

大山祇神

おおやまずみのかみ

どんな神？

『日本書紀』には「大山祇」、『古事記』では「大山津見」と記されている神です。伊邪那岐命（いざなぎのみこと）と伊邪那美命（いざなみのみこと）の二神から生まれた神の一柱。「神産み神話」に登場します。風の神、木の神、野の神とともに生まれた山の神で、「山津見」は「山つ霊」を意味します。

山の神、大山祇神は母なる大地と縁が深い神です。地球とのつながりが強く、僕は「共存共栄」というメッセージを強く感じています。ブレない強さがあり、大山祇神とつながるとドーンとブレずに構えていられる胆力が増してくることになります。力強い存在が「ファミリー」になったような安心感、安定感を感じて、波動もグンと上がるのです。

大山祇神

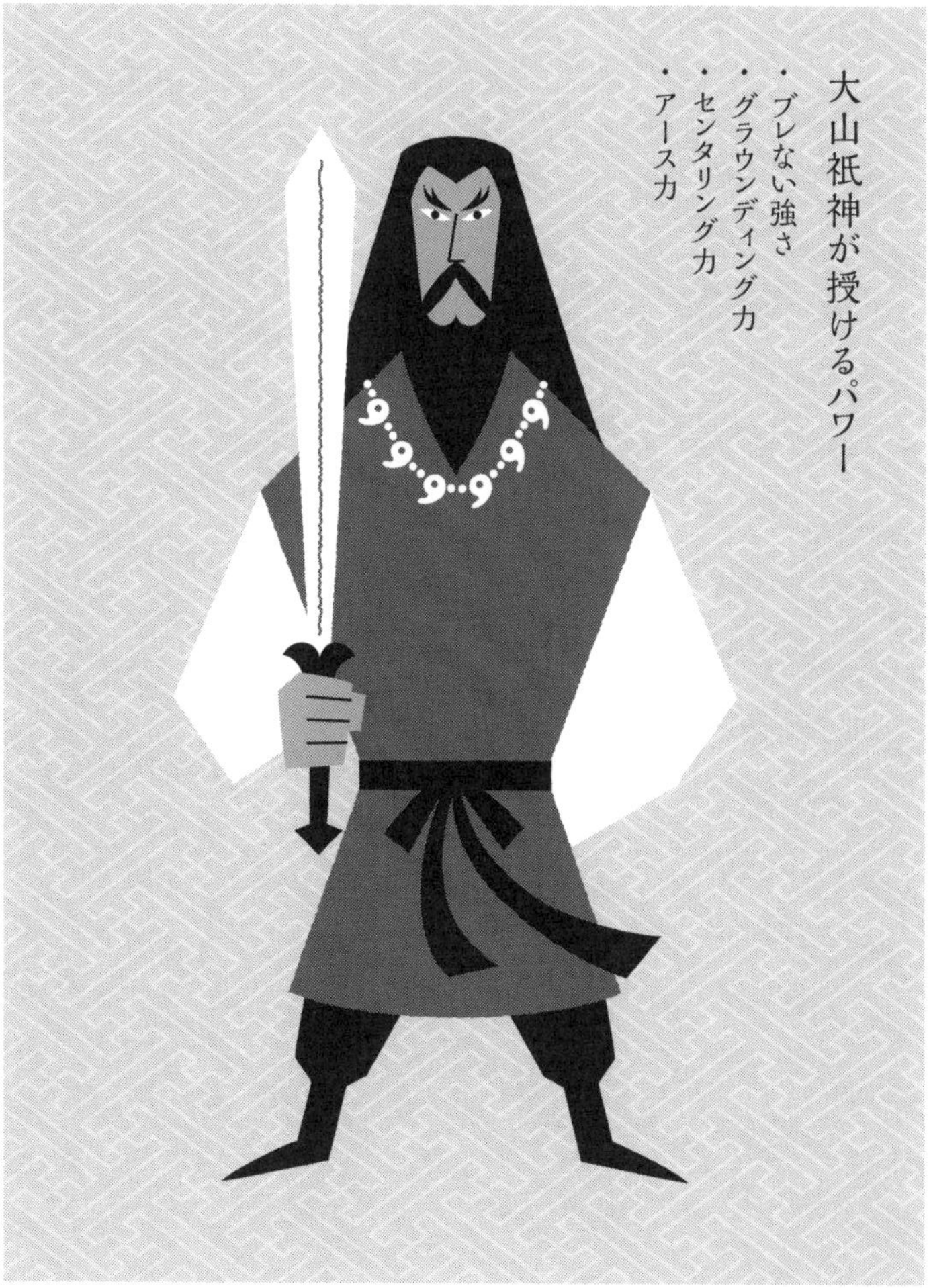
大山祇神が授けるパワー
・ブレない強さ
・グラウンディング力
・センタリング力
・アース力

大山祇神が授けてくれるのは、ブレない強さです。そして、グラウンディング力を強化します。しっかりグラウンディングできるようになると、胆力が増します。これは、大地にどっしり根を張る大木のように、地に足をつけ、物事に動じない力です。**自分軸に一致する「センタリング力」が強くなり、芯の強い自分になる**ことができます。

せわしない日常を送っていて、目先のことにとらわれ、常に焦っているようなときはグラウンディング力が弱まっています。頭でっかちになっていて、いわゆる「浮き足立った」状態です。オーラが上の方に上がってしまい、なおかつ中心からブレています。この状態を僕は、「魂がずれている」と表現しますが、「心ここにあらず」の状態で、集中力も落ちているので、大小にかかわらず、ミスが多くなったり、物忘れが激しくなるなど、自分本来の力を発揮できなくなってしまいます。

こんなときには、大山祇神を思いながら、本来の自分の意識は「全ての意識とひとつにつながっている」という事実に意識を向けましょう。すると、自分の意識の内にもある大山祇神の意識を活性化することができます。

地に足をつけ、自分の芯を強く太くするということで、自分の本来備えているアンテナを宇宙に向かって高く伸ばすことができるのです。こうした力を「アース力」と言ったりもしますが、アース力を高めると落ち着きが出てきて、リラックスできるようになります。

さらに集中力や直感力が増し、あらゆる作業の効率が上がるだけでなく、人生の質も向上することになるでしょう。

アース力が高まってアンテナを高く伸ばせるようになると、スピリチュアルな力も強化されます。**人によっては、自分のスピリットガイドに気づく**かもしれません。

僕たちには「守護霊」と「主護霊」という大別すると二種類の霊がついています。主護霊は人生全般、生涯にわたって見守ってくれている存在で、守護霊は人生の節目、節目にステップバイステップで入れ替わる存在です。どちらのガイドも僕たちが、生まれて来る前に決めてきた、魂の使命や目的に沿って、最高の人生を生きることができるよう、守り、導いてくれるのです。

大山祇神のサポートを受けることで、こうした存在たちからのメッセージにも気づきやすくなるでしょう。

大山祇神のワーク

❶

まず静かに座り、両手を上に向けて太ももの上に置きましょう。軽く目を閉じ、軽く顎を引き、背筋は自然に伸ばします。

足元にはプラチナシルバーのフィールド、周りには宇宙空間が広がっているのをイメージしてください。

そうしたら肩を意識的にグーッと上げ、そのままストーンと下ろして、肩と肘の力を抜きましょう。

そのまま下丹田（下っ腹）に意識を向けながら、深い呼吸を繰り返し、リラックスします。

❷

次に、心の中で「大山祇神、どうぞ私のもとに来てください」と呼びかけてください。すると、光り輝く大山祇神が姿を現します。**大山祇神を大きな山や、光そのものとしてイメ**

ージしても構いません。

そうしたら、

「大山祇神、私の中にもある、何者・何事にも動じない精神力である『胆力』を活性化し、地に足をつけながらも、同時に天とつながりながら生きることができるようサポートしてください」

と依頼します。

❸ 大山祇神を見てください。あなたが見つめると、大山祇神の下丹田（へそと恥骨の中間あたり）がまぶしく光り輝き始めます。光はソフトボールくらいの大きさで、充分に輝きを増すと、彼がスッと取り出し、あなたに渡してくれるので、感謝で受け取りましょう。

受け取った光を、しばらく眺めてください。彼のパワフルな力のエッセンスです。胆力やグラウンディング力、天とつながる僕たちの本来の力が凝縮されているのを感じてください。**そうしたら息を吸いながら、その光を吸い込むようにしてスーッと、下丹田に納めましょう。**そして、両手を重ねてそのまま下丹田に置きます。

4

あなたの下丹田に息づく光を感じてください。それを充分に感じたら、その光の球体から光のコードが、地球の中心まで真っ直ぐに降りていくのをイメージしましょう。**地球の中心に、カチッとつながるのを感じたら、ひとつ深呼吸します。**

5

今度は、宇宙に意識を向けてください。そこに太陽よりも大きく、そして強く光り輝く光をイメージしましょう。これは「源（みなもと）」であり、もともとの「ひとつなる意識」の象徴です。

この源に向かって、下丹田の光から光のコードが真っ直ぐ身体を通って伸びていきます。頭の天辺を貫き、この源の中心にカチッと接続されるのを見てください。

そうしたら、ひとつ深呼吸。こうして一本の光のコードが、あなたを通して天と地をつな

ぎました。

6 次は、息を吸いながら天からのゴールドの光が、あなたの身体のこのコードを伝って地球の中心に流れ込むのを感じましょう。息を吸い切るまでに光の帯が地球の中心に流れ込んでいきます。そして、今度は息を吐きながらブルーの光が、息を吐き切るまでに源に流れ込むのを感じてください。

この呼吸を3往復行います。これによって、あなたは天と地をつなぐ、人間本来の役割を担うことになり、しっかり地球に根ざして生きることができるようになります。

地球と天の両方からのサポートを受け、どっしりと構えていられる胆力を身につけることができるのです。

7 最後に大山祇神に、してくれたことの全てを感謝して、ゆっくり目を開けてください。**そのままグーッと背伸びをした後、拳で軽く腕や足を叩き、肉体を意識することで、グラウンディングしておきましょう。**

国津神 File 2

大国主命

おおくにぬしのみこと

どんな神？

先にも紹介した通り、『古事記』では、伊邪那岐命が死んで中断していた国づくりを成し遂げ、葦原中国に日本を興したのちに天照大神に国を譲り、隠遁した神として書かれています。素戔嗚尊の六世の孫（日本書紀では子）とされていて、「因幡の白兎」の物語にも登場します。

穏やかな紳士であり、大調和の世界に向けて大いに力になってくれる神です。究極のコミュニケーション力の持ち主で、国譲りの逸話の通り、大国主命は「争わない」「奪わない」「比べない」ということを、身をもって教えてくれました。そして古代日本プロジェクトの復活で、真の意味での調和とは何かを示してくれています。

大国主命

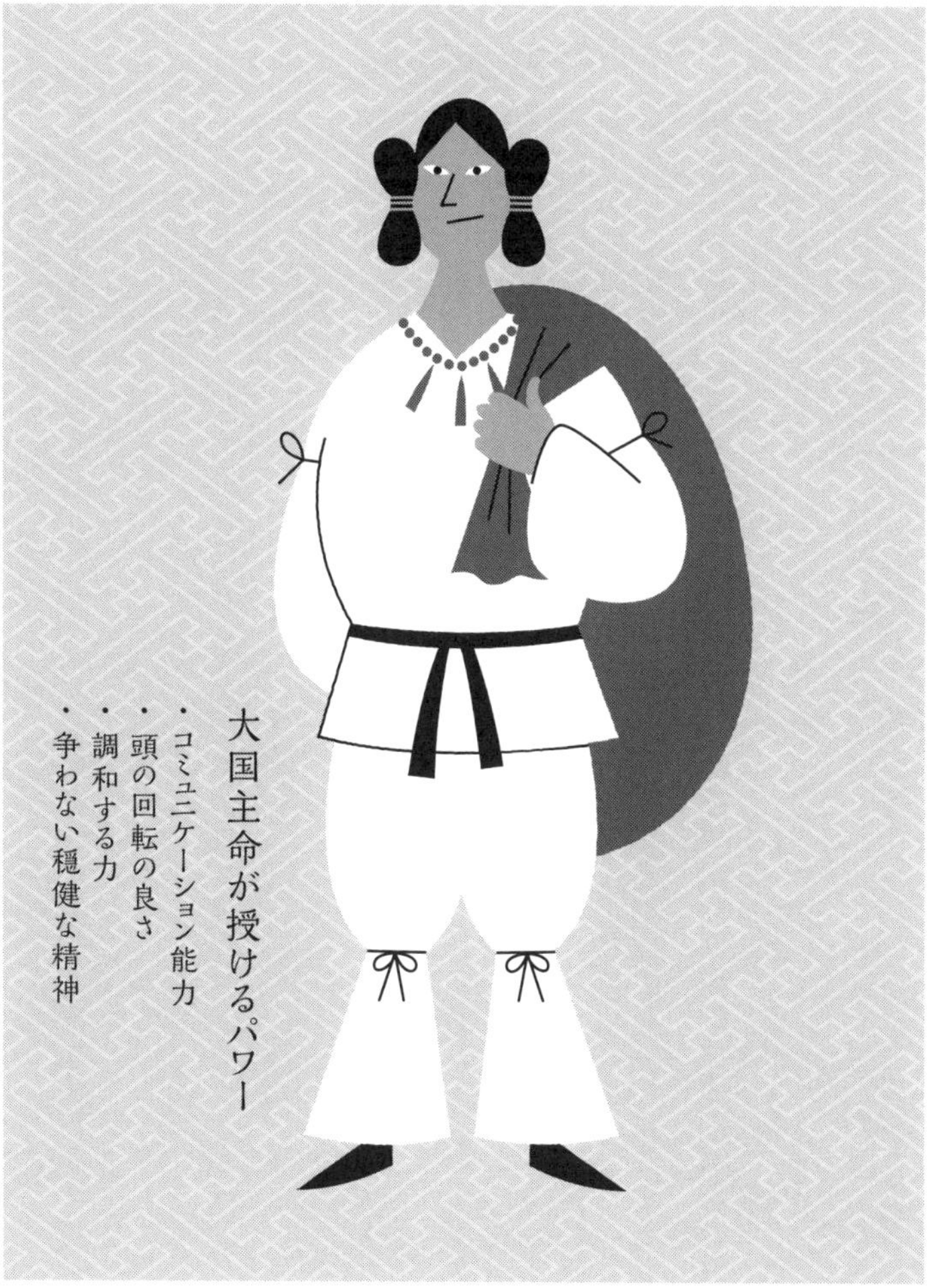

大国主命が授けるパワー
・コミュニケーション能力
・頭の回転の良さ
・調和する力
・争わない穏健な精神

大国主命が授けてくれるのは、高いコミュニケーション能力です。「コミュ力が高い」というと、自分が前に出る饒舌なイメージがあるかもしれませんが、大国主命のコミュ力は一歩下がったところから全体を見渡し、みんながまとまっていくにはどうすればいいのかを考えながら動く能力です。全体に調和の周波数を共振させ、ひとつにまとめていくような感じです。

大国主命から感じるのは、「ニュートラル」な意識のパワー。僕はアセンションするためにはニュートラルな意識でいることが特に大切なことであるとお話ししていますが、大国主命はまさにニュートラルな意識の神で、常に俯瞰しながら周囲を見渡し、極端な意見や行動に流れることがありません。

どちらが上か、下かという比較の意識もまったくないので、感情を昂らせることもないのです。**大国主命のサポートを受けると、激動の世の中で困難な事態に直面したときにも、冷静に穏やかに対処できるようになる**でしょう。冷静で多角的なその視座からは、物事を長期的にとらえることができます。

大国主命は非常にクレバー、スマートな頭の回転のよさも感じます。これはシリウスから由来するものかもしれません。大国主命と共鳴すると物事の要点が見えてくるようになりますが、大山祇神のパワーを借りたときはアンテナを高く伸ばして情報を受け取る感じなのに対して、**大国主命のパワーを借りるときは雑念、ノイズが取り払われてポイントがくっきりと浮かび上がってくる感じ**です。

大国主命は日本の民間信仰の中では江戸時代にインドの大黒天、マハーカーラという神と同一神であるととらえられるようになりました。あらゆるものは多面的・多次元的な側面を持っているため、マハーカーラと呼ばれる時には、彼特有の性質が現れることになりますが、それは良いとか悪いではなく、個性であり、彼の特性もまた必要なのです。でも大国主命としての側面はリラックスしていて微笑んでいます。その優しさは、しなやかな強さなのです。自身の中の大国主命を意識しながら、大きく深呼吸をして、ニュートラルな心を獲得してください。

大国主命のワーク

❶ まず静かに座り、両手を上に向けて太ももの上に置きましょう。軽く目を閉じ、軽く顎を引き、背筋は自然に伸ばします。

足元にはプラチナシルバーのフィールド、周りには宇宙空間が広がっているのをイメージしてください。

そうしたら、肩を意識的にグーッと上げ、そのままストーンと下ろすことで、肩と肘の力を抜きましょう。

そのままハート（胸の真ん中）に意識を向けながら、深い呼吸を繰り返し、リラックスします。

❷ 次に、心の中で「大国主命、どうぞ私のもとに来てください」と呼びかけてください。す

ると、光り輝く大国主命が姿を現します。**大国主命を光そのものとしてとらえても構いません。**

そうしたら、

「大国主命、私が真の調和の意識で、あらゆるものとコミュニケーションが取れるよう、また全体性を捉える高い視点で、何が最善かに気づけるようサポートしてください」

と依頼します。

❸ 大国主命に目を向けると、彼のハートがキラキラしたベビーピンクで輝いているのがわかります。**その光が最高潮に輝くと、あなたのハートに光の光線となって流れ込んで来ますので、感謝で受け取ってください。**

深呼吸しながら、光を受け取っていると、ハートが温かくなり、ベビーピンクの光で満ち満ちて来ます。

そして充分に満ちると、**光は大国主命のハートへと静かに戻っていきますが、あなたのハートは、その愛の光が溢れています。**

❹ 受け取った光は、ハートにありますね。次はその胸の光から、ベビーピンクの光線が喉に向かって、スーッと伸びていくのを見てください。
喉のチャクラ（喉仏のあたりにあります。直径5cmほどのクリスタルの球体としてイメージしてみましょう）にカチッとつながり、チャクラが光で満たされたら、ひとつ深呼吸。

あなたは、ハートからコミュニケーションを取ることができる回路を作りました。

これで、あなたの表現には、たとえぎこちなさがあったとしても、ハートからの愛や調和のエネルギーが乗ることになるのです。

❺ 今度は、同じくハートに満ちた光が、頭の中心（間脳とよばれる場所）に向かって伸びていき、そこにある直径5cmほどのクリスタルの球体に流れ込み、ベビーピンクの光が満ち

るのをイメージできたら、深呼吸。

そのプロセスで、喉のチャクラを通りますが、これは**ハートと頭の中心をつなぐ別回路であり、ニュートラルな意識を活性化するためのもの**です。

頭は通常、自我やエゴとつながっていますが、このワークをすることで、ニュートラルな意識そのものである、ハイヤーセルフ（高次の自己）の意識を使うことができるようになるのです。

❻

最後に大国主命に、してくれたことの全てを感謝して、ゆっくり目を開けてください。

そのままグーッと背伸びをした後、拳で軽く腕や足を叩き、肉体を意識することで、グラウンディングしておきましょう。

国津神 File 3

素戔嗚尊

すさのおのみこと

どんな神?

神話では伊邪那岐命と伊邪那美命の息子であり、天照大神の弟とされています。荒くれ者で、その狼藉ぶりに恐れをなした天照が天岩戸にこもってしまい、世が闇に包まれるようになったという話が伝承されています。八つの頭と八つの尾を持つ八岐大蛇(やまたのおろち)を退治した神として有名です。

八岐大蛇を十拳剣でたたき斬った素戔嗚尊。神話では大きな刀をふり回す荒ぶる神、天照大神を恐怖に陥れた乱暴者として描かれていますが、アグレッシブな行動の奥には、他者への敬意が溢れています。情熱と好奇心のかたまりのような神ですが、根は優しくて思いやりの心があるのです。

素戔嗚尊

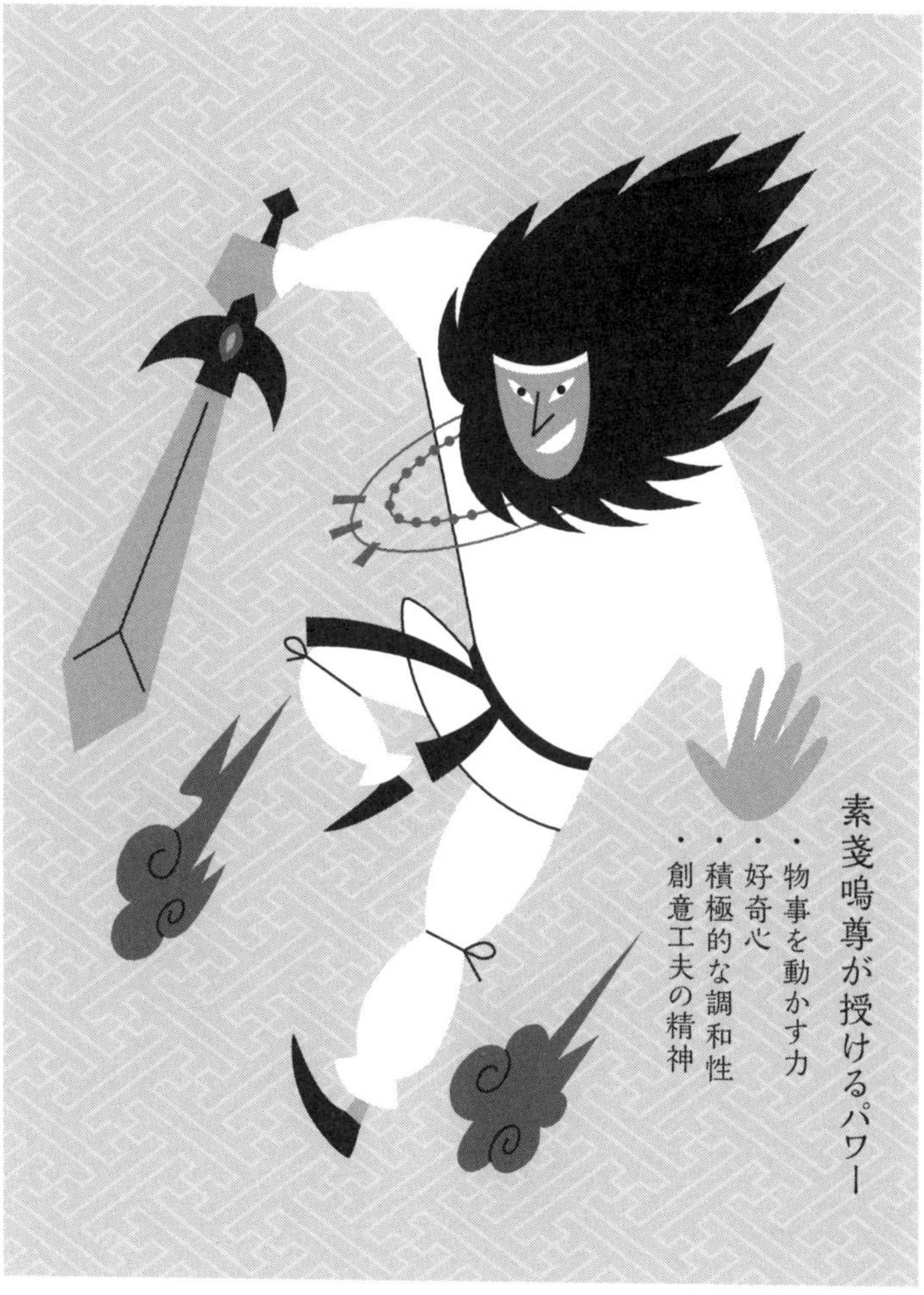
素戔嗚尊が授けるパワー
・物事を動かす力
・好奇心
・積極的な調和性
・創意工夫の精神

勢いよく前進する推進力。素戔嗚尊には、「どんな難しい局面でも状況を打破する！」という強い意思と、エネルギーがみなぎっています。物事の局面を変化させる力に富んでいるのです。いろいろなことを実際にやってみなくても、なんとなく予想がついてしまう現代において、素戔嗚尊のプリミティブな行動力は非常に重要です。

古い地球には「絶対に無理」「自分なんかにできるはずがない」というネガティブな意識が漂っています。この「自分には価値も十分な力もないと感じる無価値感」は、地球人特有のネガティブな周波数の中でも、特に取り去るのが厄介な感情です。大切なのは「自分にはできる」という自信です。素戔嗚尊の燃えたぎるようなパッションが、気持ちを奮い立たせてくれます。**素戔嗚尊の後押しを受けると、現実を動かすエネルギーが増します。そのため、状況が好転することになる**のです。

荒ぶる神のイメージが強いと言う人もいるかもしれませんが、素戔嗚尊には、強さゆえの優しさがあります。グイグイと力押ししているようでいて、決して他者を侵害することはないのです。素戔嗚尊は自分自身を信頼しています。その揺るぎない自己信頼が、他者信頼にもつながっていて、「この場は任せた」「お前がやってみろ」と言い切る強さと覚悟があるのです。

自分だけが意識を高めても、集団アセンションにはつながりません。みんなの意識を調和させ、ひとつに統合していくことが欠かせないのです。**素戔嗚尊のパワーは、自信を高めてくれるだけでなく、周囲と調和しながら他者の力を引き出し、高める資質も活性化し**てくれます。

素戔嗚尊には高いコミュニケーション能力がありますが、彼のそれは、自分の思いを上手に工夫して伝えながら、「それでお前はどうしたいの?」と相手が自分でも気づいていない思いや望みを明確にし、盛り上げていくような性質を持っています。なので、彼と共同することで、自分では思いもしなかったアイデアが飛び出して来ることがあるかもしれません。**素戔嗚尊のサポートは、Win-Winの精神、さらには創意工夫に溢れているので、とても楽しく感じられる**でしょう。

素戔嗚尊のワーク

❶ まず静かに座り、両手を上に向けて太ももの上に置きましょう。軽く目を閉じ、軽く顎を引き、背筋は自然に伸ばします。

足元にはプラチナシルバーのフィールド、周りには宇宙空間が広がっているのをイメージしてください。

そうしたら、肩を意識的にグーッと上げ、そのままストーンと下ろすことで、肩と肘の力を抜きましょう。

そのまま、魂の中心であるみぞおちに意識を向けながら、深い呼吸を繰り返し、リラックスします。

❷ 次に、心の中で「素戔嗚尊、どうぞ私のもとに来てください」と呼びかけてください。す

ると、光り輝く素戔嗚尊が姿を現します。**素戔嗚尊を光そのものとしてとらえても構いません。**

そうしたら、

「素戔嗚尊、あらゆる状況において、私が積極的にクリエイティブに立ち回り、周囲と調和しながら、自分の望みを叶えることができるようサポートしてください」

と依頼します。

3

素戔嗚尊のみぞおちを見ると、深紅の周りを、ゴールドの光が取り巻く形で、光が輝いています。この光は、彼の特性が凝縮されたものです。

光が一層輝くと、素戔嗚尊はそれをスッと取り出し、あなたに渡してくれますので、感謝して受け取りましょう。

そうしたら息を吸いながら、自分のみぞおちにスーッと吸い込むように納めます。そのまま両手を重ねて、みぞおちに当て、あなたの中で息づく光を感じてください。

素戔嗚尊のパワフルな行動力、スマートなクリエイティブ性、具現化の力が、いきいきと息づいています。

4

あなたの体内に息づく光を感じていると、シャボン玉が弾ける時のように、光の輪郭がどんどん薄くなっていき、パチンと弾けます。

すると中から、深紅とゴールドの光が絶妙に調和しながら溢れ出すので、呼吸と意図を通して、光がまず脳にたっぷりと満たされる状態をイメージしてください。

光は次に頭から首、両肩、両腕、両手の先、身体を通って、両足、さらに両足の先まで広がり、身体全体が満たされていきます。

その後、身体の外に広がり、オーラの隅々まで光が満ちるのを感じましょう。あなたの意識は、このオーラにあります。**「脳」「身体」「オーラ」に光が満ちたら、ひとつ大きく深呼吸。**

こうして、あなたは素戔嗚尊のエッセンスを取り入れることで、自分の中にもある、同じ特性を共鳴・共振させ、高めることができるのです。

❺ 最後に素戔嗚尊に、してくれたことの全てを感謝して、ゆっくり目を開けてください。**そのままグーッと背伸びをした後、拳で軽く腕や足を叩き、肉体を意識する**ことで、グラウンディングしておきましょう。

国津神 File 4

国之常立神

くにのとこたちのかみ

どんな神?

天地開闢（天地が開けたとき）、世界の始まりとされる時代に、国之常立神、豊雲野神（とよぐものかみ）と降り立ったのち、男女の神が5組やってきたと言われています。その7代目にやってきたのが伊邪那岐命と伊邪那美命で国之常立神から伊邪那岐命と伊邪那美命までが「神世七代」とされています。

神世七代の神話は、国津神たちが宇宙から降り立ったことを彷彿させる逸話です。国之常立神はその後に飛来する天之常立神（あめのとこたちのかみ）と同一神で日本土着の神、土地神様としてずっと日本という国を守ってこられたかたです。そして、日本人としての本来の在り方や底力を引き出すサポートをしてくれるのです。

国之常立神

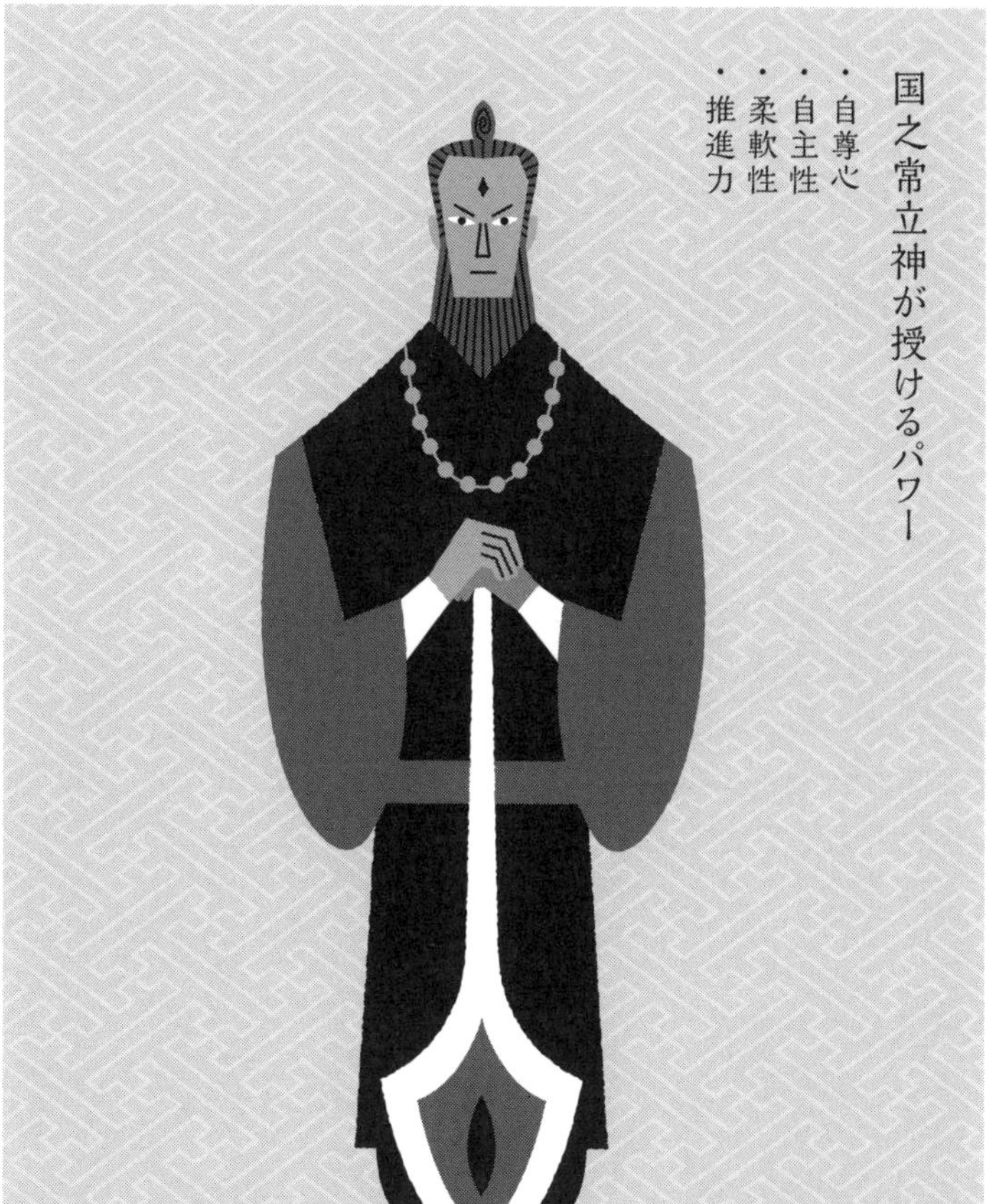
国之常立神が授けるパワー
・自尊心
・自主性
・柔軟性
・推進力

国之常立神はもともと地球全体のリーダー格の神でした。しかし、ほかの神に疎まれてしまい、丑寅の方角、つまり鬼門の位置に封印されてしまいました。それが日本でした。しかし長い時間を経て、こうして封印を解かれて元の力を取り戻しつつあります。神々は、僕たちが彼らを意識することでパワーアップしていきます。古代日本プロジェクトが復活して、国之常立神はその力と存在感を増してきました。

国之常立神は土着の神として、日本人としてのベーシックなアイデンティティ、尊厳を思い出させてくれます。国之常立神はそれぞれが持っている「軸」や譲れない「芯」とは何であるかを具現化して見せてくれているのです。一時期「だから日本はだめ」という日本サゲの雰囲気が重くのしかかっていましたが、国之常立神は日本の素晴らしい面にスポットライトを当てて自尊心を思い出させてくれるのです。封印から解かれて復活した自らのように、眠りの中にあっても衰退せず、機を見計らって、再生を遂げること。そのためには変化する意思が必要になります。そんなとき、**国之常立神は「進んで変化する力」を高めてくれます。**

新しいステージに立つためには、古いものを手放す必要があります。**「新たなことをやってみたい」と思ったときは、国之常立神に意識を向けましょう。**「今までの私」を軽やかに破壊することで、「新しい私」のビジョンを示しゴールに向けて最善の道を照らしてくれるのです。

国之常立神の「破壊」には恐怖がありません。変化とは発展であることを感じさせてくれる、明るい機運に満ちているのです。古い自分を壊して手放すのですが、悲壮感はありません。パソコンのアップデートに近い感覚です。全てを入れ替えるけれど、「自分」として大切なものは決して消えることなく、さらなる新しい出会いが待っているのです。

人との出会い、情報との出会い、変化を厭わない柔軟性。しかも他人に押しつけられるのではなく、自主的な気持ちで変化を楽しめるようになります。

情報がものすごい勢いで消費されていく現状の中で、変化の波に乗りながらも決して足元をすくわれない、強かな順応力をもたらしてくれることでしょう。

国之常立神のワーク

❶
まず静かに座り、両手を上に向けて太ももの上に置きましょう。軽く目を閉じ、軽く顎を引き、背筋は自然に伸ばします。**足元にはプラチナシルバーのフィールド、周りには宇宙空間が広がっているのをイメージしてください。**そうしたら、肩を意識的にグーッと上げ、そのままストーンと下ろすことで、肩と肘の力を抜きましょう。そのまま、魂の中心であるみぞおちに意識を向けながら、深い呼吸を繰り返し、リラックスします。

❷
次に、心の中で「国之常立神、どうぞ私のもとに来てください」と呼びかけてください。すると、光り輝く国之常立神が姿を現します。国之常立神を光そのものとしてとらえても構いません。

そうしたら、

「国之常立神、私が常に自分軸に一致して行動する勇気を与えてください。その際、特定の在り方に固執することなく、しなやかな柔軟性を発揮できるようサポートしてください」

と依頼します。

彼は、あなたが古い在り方を、どんどん打ち壊し、自分軸を見出すことを助けてくれます。

言い方を換えると、国之常立神と共同するたびに、「新たな自分」に生まれ変わるのです。

そこで、あなたは自分が手放したいと思っている、あらゆるネガティブな感情や思考パターン、癖や習慣に思いを巡らせ、そのシンボルとして、いつものあなたの肉体よりも3、4倍大きな身体で、素材は鉄やブロンズでガチッと固まっているのをイメージしましょう。

❸

さて国之常立神に意識を向けると、その手に黄金に光り輝く剣を持っています。彼はそれを宇宙に向けて真っ直ぐに投げると、瞬く間に彼方に光って消えていきます。

見届けた後、しっかりと鉄やブロンズで固まっている自分を感じてください。そして、上を見上げましょう。すると宇宙から、国之常立神が投げた剣が、あなたに向かって勢いよくまっすぐに落ちてきます。

大丈夫ですので、そのまま身を任せましょう。ズドンッと、変化を望むあなたに突き刺さると、鉄やブロンズのかたまりであるあなたが、粉々に砕けます……そうしたら深呼吸。

今、あなたの意識は「空（ヴォイド）」と呼ばれる「可能性の領域」に漂っていますので、このタイミングで、「これから、どんな自分で、どのような人生を生きたいのか?」について、思いを巡らせてみてください。

❹

「理想の自分」が、そこはかとなくでもイメージできると、空の領域が変化し始めます。

あなたの意識が漂う場所を目がけて、光の粒子が集まり、足を形作るのを見ていましょう。

どんどん頭に向かって「新しいあなた」の形ができあがっていきます。

そのプロセスで、しなやかな柔軟性のある自分軸ができていくのを感じながら、光り輝く自分の姿を見てください……スッキリと軸が通った感覚を感じたら、深呼吸。

5

こうしてワークをするたびに、あなたは生まれ変わることになります。人生に行き詰まる時は、「今、変化する必要がありますよ！」というメッセージがやって来ている時ですので、ワークを通して、その自分を崩し、新しい自分に生まれ変わっていきましょう。

最後に国之常立神に、してくれたことの全てを感謝して、ゆっくり目を開けてください。**そのままグーッと背伸びをした後、拳で軽く腕や足を叩き、肉体を意識する**ことで、グラウンディングしておきましょう。

国津神 File 5

菊理媛神

くくりひめのかみ

どんな神？

菊理媛神は『古事記』にも『日本書紀』にも登場しません。『日本書紀』の異伝に一瞬だけ記載があり、伊邪那岐命と伊邪那美命が仲違いをしたときに間を取り持ったとだけ書かれています。そのため、縁結び、和合の神として信仰されています。

菊理媛神は石川県にある白山比咩神社のご祭神です。全国の白山神社の総本山で、厄除けや縁結びのご利益で有名です。縁を結ぶということは、不要な縁を断ち切るということ。辰の年の元旦に、能登で起きた大きな地震には、古き因習を断ち切り、本格的に新しい世界へ移行する準備を整えるように、という菊理媛神からのメッセージも含まれています。

菊理媛神

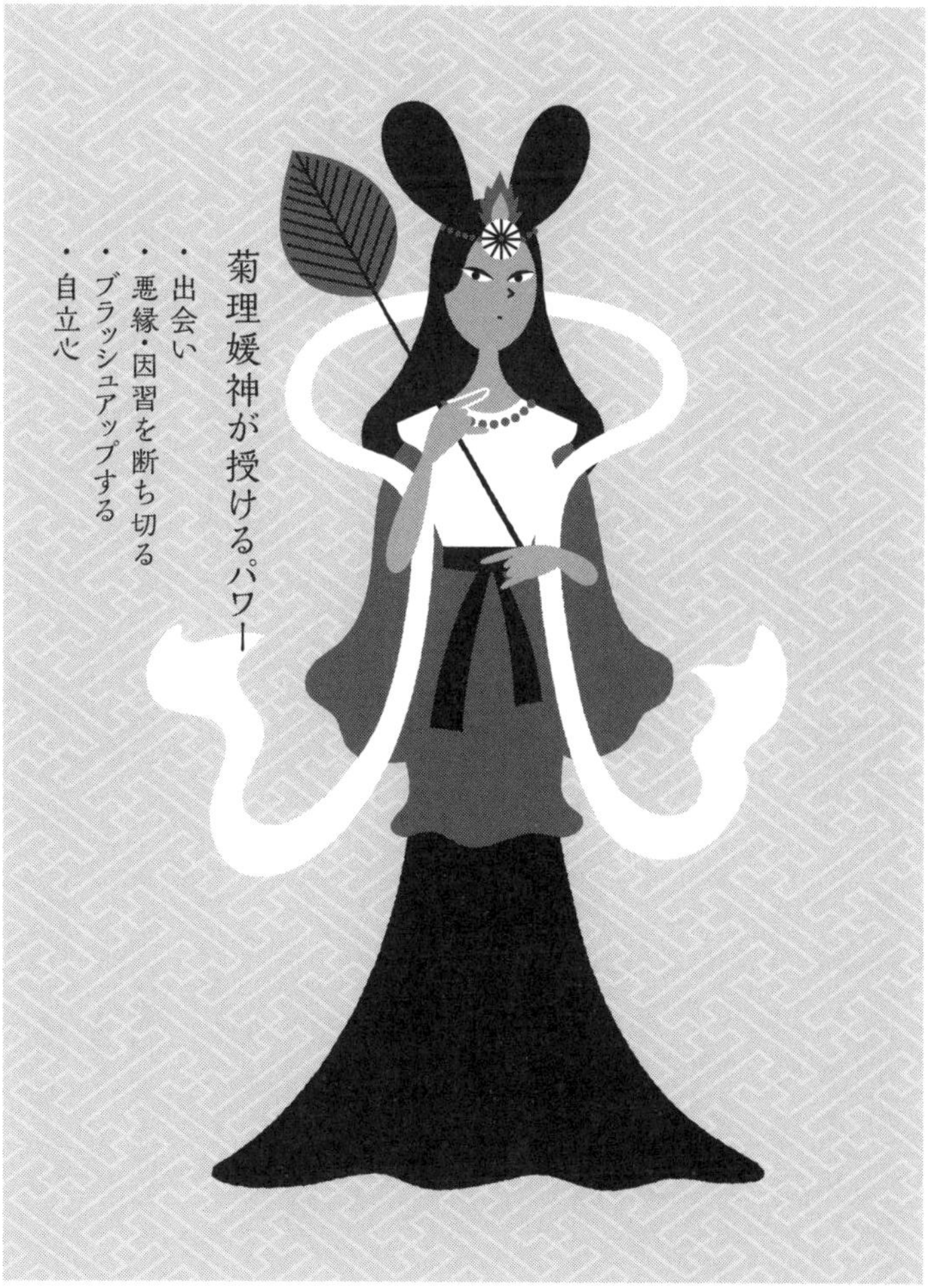
菊理媛神が授けるパワー
・出会い
・悪縁・因習を断ち切る
・ブラッシュアップする
・自立心

菊理媛神は転換期を司る女神です。優雅でたおやかですが、悪縁をスパッと断ち切って縁と縁をつなぎ直すパワフルさを持っています。

菊理媛神は、本当に大切な人・事・物は何なのか、魂にとっての優先事項は何かに気づかせ、その人本来の道へと導く役割を担っています。それは、人生に大きな変化をもたらすことを意味していますが、そのためには「これから役立たないものを整理する」というプロセスが含まれているんですね。

日本では菊理媛神は「男女の縁を取り持つ神」というとらえられ方をしていますが、**菊理媛神は人と人だけではなく、地域と地域、国と国をつなぎ直し、新しい方向性を示してくれる女神**でもあります。ポジティブなカルマをベースとした、魂レベルの仲間たちとの出会いを引き寄せてくれます。僕たちは今、個々の人間関係だけでなく、国、世界、地球単位の関係をブラッシュアップしているのです。地方の行政区分や国境を超えて、協同していかなければ地球の危機的状況に向き合っていくことはできません。不要なものは断ち切りましょう、必要な変化を積極的に起こしていきましょうというメッセージがやって来ているのです。

どうしてもやめられない習慣がある。もう違うと感じているのに断ち切れない人間関係がある。しがらみに縛られて、新しいことが始められない。そんなときは菊理媛神に意識を向けてください。

そして、縁は断ち切るだけでは何も生まれません。**菊理媛神のサポートを受けることで育っていくのは、自ら考え、断ち切る勇気を持ち、変化を怖れない「自立心」**です。他人に判断を委ね、他人のせいにしていては、新たな次元へ上昇していくことはできないのです。古い縁を断ち切らなければ新たな縁は結べません。古いものを捨てなければ、新たなものが入ってくる余地が生まれないのです。

神々の力は僕たち一人ひとりが彼らに思いをはせることで強くなっていきますが、菊理媛神は菊の花に縁の深い女神です。菊の花を見たときや、九月九日の菊の節句（重陽の節句）は、菊理媛神を意識することで、共鳴するいい機会になるでしょう。

菊理媛神のワーク

1 まず静かに座り、両手を上に向けて太ももの上に置きましょう。軽く目を閉じ、軽く顎を引き、背筋は自然に伸ばします。

足元にはプラチナシルバーのフィールド、周りには宇宙空間が広がっているのをイメージしてください。

そうしたら、肩を意識的にグーッと上げ、そのままストーンと下ろすことで、肩と肘の力を抜きましょう。

そのまま、魂の中心であるみぞおちに意識を向けながら、深い呼吸を繰り返し、リラックスします。

2 次に、心の中で「菊理媛神、どうぞ私のもとに来てください」と呼びかけてください。すると、光り輝く菊理媛神が姿を現します。**菊理媛神を光そのものとしてとらえても構いません。**

そうしたら、

「菊理媛神、新しいステージを生きる上で、もう、私に不要な人間関係、悪習慣を断ち切り、新たなご縁をつなぎ直すサポートをしてください」

と依頼します。

そして、自分の内に意識を向け、もう手放した方が良いと感じる人間関係や、やめたいと思っているのに、やめられない習慣について、思いを巡らせてみてください。

❸

すると、あなたの2mほど前に、2つの像が現れます。向かって左側に、人間関係を表す、鉄製の真っ黒い人間の形をしたもの、右側には、同じく真っ黒い鉄でガチッと固まった、悪習慣を表す、あなたの姿形をしたものです。

左側の像に意識を向けて、そこに、手放したい人のイメージを重ねましょう。たとえば腐れ縁だと感じている人や、もう関わらない方が良いと感じる人が、次々に像に重なって行くような感じです。

最後に、「私が気づいていないけど、新しいステージに向けて手放した方が良い関係性」を思い浮かべ、真っ黒い人影が重なるのを見てください。

それが済んだら、今度は右側のあなたの像に、やめたいのにやめられない習慣や癖を、重ねるようにイメージします。最後は、「私が気づいていないけど、新しいステージに向けて、やめた方がよい生活習慣」を思い浮かべ、真っ黒い自分が、そこに重なるのを見ましょう。

それが終わったら、**自分の腰まわりに、太くて真っ黒な紐が巻きついているのを感じてください。**そこから伸びた紐は、目の前のそれぞれの像の腰まわりに、しっかり結びついています……それを確認したら、ひとつ深呼吸。

❹ そして、断ち切る心の準備が整ったら、菊理媛神に「お願いします」と伝えましょう。**彼女はその手に、大きな黄金のハサミを持っていて、あなたと、その2つの像をつないでいる真っ黒い紐を、バチンと切り離してくれます。**

すると、みるみる目の前の像が足元から崩れるように、跡形もなく消え去ります。最後に残った紐も砂のように細かくなって消えてなくなりますので、最後まで見届けたら深呼吸。

❺ 菊理媛神が、目の前を見るように促しますので、意識を向けてください。今度は、先ほどと同様、人間関係の像と、習慣を表すあなたの像が現れますが、**それぞれ虹色に光り輝く、美しい像になっています。**それは、あなたの新しい人生のステージに登場する、素晴らしい関係性を築ける人たちや、**あなたをアップグレードさせるライフスタイルを象徴しているのです。**

それらとつながる心の準備が整ったら、「お願いします」と伝えましょう。

菊理媛神は、その手に赤い糸のかたまりを持っていて、まず、あなたの腰まわりに巻きつけます。その後、２ｍ先の虹色の像、それぞれに赤い糸を結びつけるのを見てください…
そうしたら、ひとつ深呼吸してください。

❻

彼女が、あなたに自分の腰まわりから伸びる、２本の赤い糸を握るよう促しますので、左手で新しい人間関係を表す像につながる糸を、右手で新たなライフスタイルを表す像につながる糸を、しっかり握りましょう。

そして、少しの間、素晴らしい人間関係に囲まれている自分や、快適なライフスタイルを楽しんでいる自分を想像します。それを体験している時の楽しさ、喜び、ワクワク、さらに満たされた感覚も感じてみてください。

そうしたら、「私は今、新たな人生のステージにシフトします。古い地球から新しい地球へと完全に移行します」と明確に次のフェーズを思い描きましょう。

それができたら、グッと、糸を手繰り寄せるように引っ張ります。目の前の2つの像がスムーズに、あなたに向かって動き始めたら、深呼吸。

❼ 最後に菊理媛神に、してくれたことの全てを感謝して、ゆっくり目を開けてください。**そのままグーッと背伸びをした後、拳で軽く腕や足を叩き、肉体を意識する**ことで、グラウンディングしておきましょう。

国津神 File 6

瀬織津姫

せおりつひめ

どんな神？

瀬織津姫も『日本書紀』にも『古事記』にも登場しません。魂を引きつける言葉、神道の「大祓詞（おおはらえのことば）」（祝詞）に出てくる神です。「瀬」「津」と名前に水に関係する漢字が2文字も入っている通り、「川に坐す水の神」、川の神、海の神とされています。

澄んでいて凛とした姿で佇んでいる、それが僕の前に姿を現すときの瀬織津姫のご様子です。瀬織津姫は龍神とも言われ、龍の国・日本には非常に古い時代に降り立ちました。神話では伊邪那岐命と伊邪那美命が八百万の神の祖と言われていますが、本当の祖は瀬織津姫と邇芸速日命であると、僕は常々感じているのです。

瀬織津姫

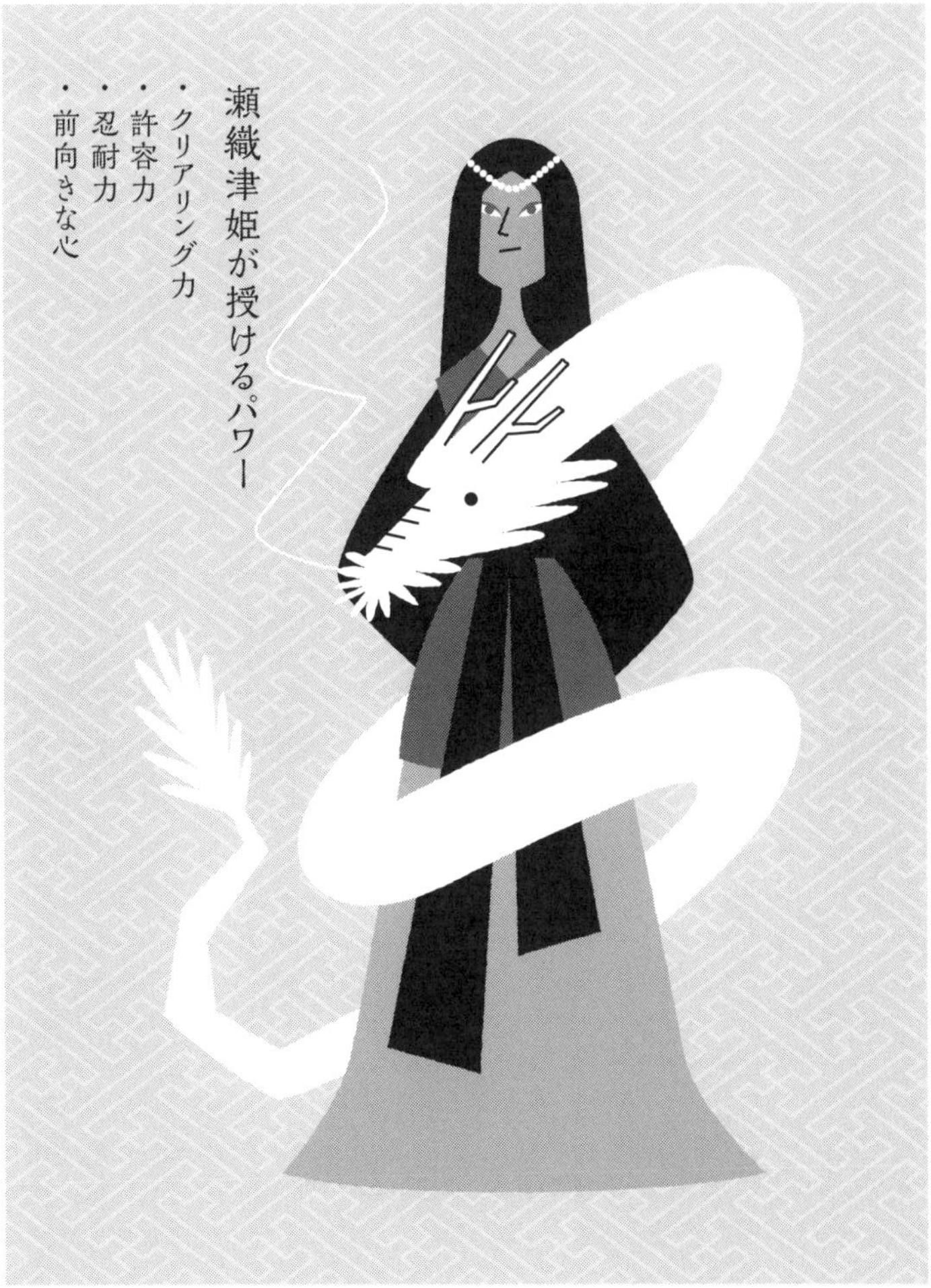
瀬織津姫が授けるパワー
・クリアリング力
・許容力
・忍耐力
・前向きな心

水の属性がある瀬織津姫にはクリアリングの力があります。それは**不浄なものを洗い清めるだけではなく、それによって人や物事を許すことができるようになり、拒絶していたものを認め受け入れる許容力をもたらします。**瀬織津姫は2017年に僕に初めてコンタクトを取ってきました。

伊邪那岐命と伊邪那美命が八百万の神の祖とされていて、伊邪那岐命が川（または海）で身体を清めたことで神々が生まれたと伝えられていますが、実際には瀬織津姫のほうが古くから日本にいらっしゃったというのです。そして、龍にご自身の魂を分けて、日本各地に遣わしているのです。しかし、神話において瀬織津姫のこうした功績は語られることがなく、正しい道が曲げられている、つまりご正道をずらされてしまっています。

しかし、瀬織津姫は難局にあっても「困難に陥ったのには理由がある」と看破されています。一見おかしなこと、道理が通らないことでも必ず気づきや学びがあると言われるのです。

起きた出来事を不幸な体験にするのか、幸せな体験にするのか。同じ経験をしても、見方によって受け取り方が違います。**瀬織津姫は、ネガティブな思考パターン、調和に相反**

する信念や観念を洗い流し、どんな経験からもポジティブな結果を受け取れるようサポートしてくれるのです。瀬織津姫からのメッセージは、「いいことも、悪いことも、地球でさまざまな経験をしてきなさい」「人生に現れる全てのものをサインとして受け取りなさい」という、宇宙の高次のマスターたちの教えそのものなのです。

数年前から瀬織津姫はたびたび僕たちにメッセージを送ってくれていますが、辰年を迎えた2024年、龍や龍神たちは非常に活性化しています。瀬織津姫の分霊たちが、清らかで前向きなエネルギーとなって日本各地を押し上げています。僕も数年をかけて龍や龍神たちの封印を解いていますが、彼らは目を醒ましたのです。地球は動乱の時を迎えていますが、**ネガティブなものを洗い流すことで受容性が増し、清濁併せ呑めるようになることが、真の調和の在り方**なのです。

瀬織津姫のワーク

1

まず静かに座り、両手を上に向けて太ももの上に置きましょう。軽く目を閉じ、軽く顎を引き、背筋は自然に伸ばします。

足元にはプラチナシルバーのフィールド、周りには宇宙空間が広がっているのをイメージしてください。

そうしたら、肩を意識的にグーッと上げ、そのままストーンと下ろすことで、肩と肘の力を抜きましょう。

そのまま、魂の中心であるみぞおちに意識を向けながら、深い呼吸を繰り返し、リラックスします。

2

次に、心の中で「瀬織津姫、どうぞ私のもとに来てください」と呼びかけてください。

すると、光り輝く瀬織津姫が姿を現します。**瀬織津姫を光そのものとしてとらえても構いません。**

そうしたら、

「瀬織津姫、私の本質（魂）を覆う闇を祓い清めてください。そして、私の忍耐力と受容性を高め、前向きに生きることができるようサポートしてください」

と依頼します。

僕たちの本質は光であり、本来輝き続けていますが、分離の周波数である、ネガティブな感情のエネルギーが、その周りを覆っているため、光が萎縮し、隠れてしまっているような状態なのです。

その闇を認識するため、魂の中心であるみぞおちに意識を向けてください。そして「私の本質と闇を浮き彫りにする」と意図します。

深呼吸しながら、静かにしていると、**みぞおちの中心から真っ黒い煙状のネガティブなエネルギーが溢れ出し、どんどん自分の周りを覆い始めます。**出てくるままに任せていると、みるみるうちに真っ黒な厚い雲が、身体の周囲にできあがります……。それを見届けたら深呼吸。

❸

瀬織津姫を見ると、その手に孔雀の羽でできた大きな扇子を持っています。そして、あなたに向かって扇ぎ始めますが、その動きは最初は小さく、次第に大きくなり、それに伴って、**アイスブルーに光り輝く、大きな竜巻ができあがるのを見てください。**

すると、その竜巻が勢いよくあなたに向かって来ますので、そのまま受け入れましょう。あなたはちょうど「台風の目」にいるような感じで、シーンと静まり返った時空間でリラックスしています。

そうしていると、あなたを取り巻くネガティブなエネルギーが、竜巻に巻き込まれていくように、どんどん吸い込まれて行きますので、きれいになるまで竜巻に委ねましょう。

祓い清めが終わると、竜巻はスーッと上に上がり始め、しまいにはキランッと光って、宇宙の彼方へと消え去ります。それを見届けたら、ひとつ大きく深呼吸。

4

瀬織津姫が、あなたのみぞおちに意識を向けるよう促しますので、両手を重ねて、みぞおちを感じてみてください。すると、その中心に、眩しく輝く光が現れ、輝きを強めながら脈動しているのがわかります。

この光こそ、あなたの本質の光です。今までは、ネガティブなエネルギーに取り巻かれ、覆い隠されてしまっていましたが、それが復活し、本来の広がりを取り戻そうとしているのです。

それをリラックスして見守っていると、**光はどんどん拡大し、瞬く間にあなたの身体を包み込みます。**さらに光は広がり、日本を越え、地球を越え、銀河を越え、宇宙の隅々まで広がっていきます。

こうして、あなたの光が宇宙中を照らすのを、許してあげてください。

あなたの光が広がることで、**意識も感性も拡大することになります。**そのため、高い視点で物事を捉えることができるようになり、それに伴って「受容性」が増し、タイミングを楽しみながら待つことができるという本当の意味での「忍耐力」が身につき、あなたは人生を謳歌することができるようになるのです。

では、そのまま宇宙中を照らす光として、存在することを決めましょう。

なぜなら、**あなたは本来、光そのものなのですから…**ひとつ大きな深呼吸。

❺ 最後に瀬織津姫に、してくれたことの全てを感謝して、ゆっくり目を開けてください。

そのままグーッと背伸びをした後、拳で軽く腕や足を叩き、肉体を意識することで、グラウンディングしておきましょう。

国津神 File 7

邇芸速日命

にぎはやひのみこと

どんな神？

『古事記』には大和朝廷の豪族、物部氏の祖先神であると記されていて、邇芸速日命は天磐船（あまのいわふね）に乗って神武天皇よりも先に大和に降り立ったとあります。「にぎ」は豊かなさま、「はや」は勢いのあるさまを指し、豊穣の神であり、稲作文化の伝え手であったとも言われます。

邇芸速日命は瀬織津姫とともに僕にメッセージを伝えてきた神です。二柱の神々は対になっています。瀬織津姫が月の女神なら邇芸速日命は太陽神であり、エネルギーの源です。素戔嗚尊も情熱のかたまりのような神ですが、邇芸速日命は自身が熱く燃えたぎるというだけでなく、光を生み出し周囲を明るく照らしています。

邇芸速日命

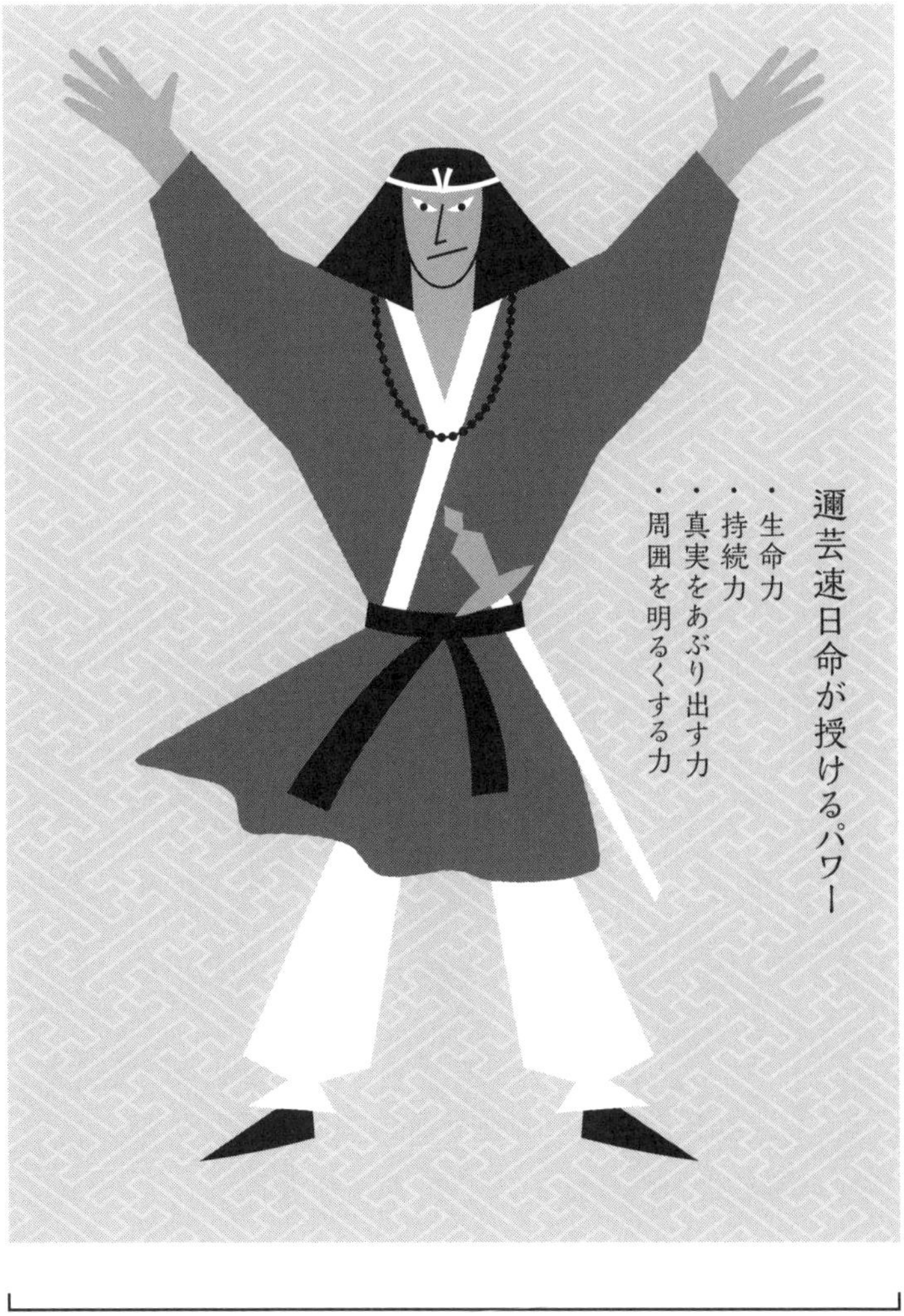
邇芸速日命が授けるパワー
・生命力
・持続力
・真実をあぶり出す力
・周囲を明るくする力

2017年から邇芸速日命と瀬織津姫が僕にメッセージを送ってきているとお話ししましたが、その内容は、「見て見ぬふりをしてきたことに蓋をしたまま、それに気づいているのに気づかないふりをしていると、ますます困難さを極めてしまうよ」というものでした。

邇芸速日命には裏表がありません。本音と建前などいらないよ、小賢しさはいらないよ、というのが彼が示していることとなのです。純粋で、子どものようなまっすぐさで真実を照らします。ときには都合の悪いことも露見するでしょう。つまり、**邇芸速日命の照らす光が強ければ強いほど、闇は深くなる**のです。

でも真実の自分を生きたいなら、そこから逃げてはいけないよ、蓋をしてはいけないよと教えてくれているのです。瀬織津姫が清濁併せ呑むということを教えてくれているのも、ネガティブを排除するのではなく、如何に調和させていくか……そのためにも、しっかり本質に向き合っていきましょうという意味なのです。二柱の神々は水と火、正反対の性質を持ちながらも、同じことを示してくれているわけです。

闇が目の前に広がったときは、それを乗り越えることで、大きく成長できるチャンスです。**「いいか、悪いか」「好きか、嫌いか」という二元論でとらえずに、つまりジャッジするのではなく、向き合ってみてください。**すると関係性が好転したり、問題の解決の糸口が見えてきたりします。

邇芸速日命は生命力のかたまりです。**サポートを受けていると、心身が健やかに整っていきます。そのプロセスで免疫力もアップする**ことになります。生命力が活性化すると、自分自身のオリジナリティも引き出されます。それは「自分らしく輝けるようになる」ことを意味しています。

邇芸速日命と瀬織津姫は宇宙を統括するほどの、高次のマスターです。しかし、人々の中ではまだ、それほど広く名前を知られた神々ではありません。そのため、彼らの名前を唱えたり、意識することで、二柱の神々はさらに力を増します。それだけではなく、彼らの名前が言霊となり、僕たち本来の眠れるＤＮＡを活性化することになるのです。

邇芸速日命のワーク

❶

まず静かに座り、両手を上に向けて太ももの上に置きましょう。軽く目を閉じ、軽く顎を引き、背筋は自然に伸ばします。

足元にはプラチナシルバーのフィールド、周りには宇宙空間が広がっているのをイメージしてください。

そうしたら、肩を意識的にグーッと上げ、そのままストーンと下ろすことで、肩と肘の力を抜きましょう。

そのまま、魂の中心であるみぞおちに意識を向けながら、深い呼吸を繰り返し、リラックスします。

❷

次に、心の中で「邇芸速日命、どうぞ私のもとに来てください」と呼びかけてください。

すると、光り輝く邇芸速日命が姿を現します。**邇芸速日命を光そのものとしてとらえても構いません。**

そうしたら、

「邇芸速日命、私が生命の源（太陽）とつながり、みなぎる生命力を持って、周囲を照らす光になれるようサポートしてください」

と依頼します。

彼のエネルギーを受け取ることで、あなたの「真の健康力」が引き出され、オーラもエネルギッシュに輝くようになります。それは、周囲のエネルギーも高めることになり、あなたが太陽のように、エネルギーの源のような存在になることを意味しています。

❸ 邇芸速日命を見ると、彼のみぞおちに、太陽のエッセンスが輝いています。暖かく、慈愛

に満ち、パワフルな輝きを持つエネルギーです。邇芸速日命は、それをスッと取り出し、あなたに渡してくれますので、感謝して受け取ってください。

太陽の光を、息を吸いながら、優しく自分のみぞおちに納めてください。そのまま、両手を重ねて置き、深呼吸しながら、邇芸速日命のエッセンスを感じましょう。

❹

充分に感じていると、シャボン玉が弾けて消える時のように、眩い光の輪郭が、どんどん薄くなっていき、パチンッと弾けます。すると、その光の球体から、ダイヤモンドのようにキラキラと光り輝く光の粒子が溢れ出しますので、それを呼吸と「この粒子を身体中に行き渡らせよう」という意思によって、**身体の隅々、そして身体外にあるオーラも一杯に満たしていきましょう。**

まず、胸に広い範囲で存在する、胸腺と胸骨に光を広げていってください。この位置がよくわからない場合は、胸全体に満たしてあげる感じで構いません。この部位は免疫機能と関わっていて、特に大切になります。ここに、しっかり光が満ちたら、さらに光は広がって、脳にたっぷりと満たされるのをイメージしてください。

次に頭から首、両肩、両腕、両手の先、身体を通って、両足、さらに両足の先まで、身体全体に光が満たされます。その後、身体の外に広がり、意識が存在している場（意識場）であるオーラの隅々まで光が満ちるのを感じましょう。

「胸腺・胸骨」「脳」「身体」「オーラ」に光が満ちたら、ひとつ大きく深呼吸。

こうして、あなたは邇芸速日命のエッセンスを取り入れることで、自分の中にもある、同じ特性を共鳴・共振させ、高めることができるのです。

5

最後に邇芸速日命に、してくれたことの全てを感謝して、ゆっくり目を開けてください。

そのままグーッと背伸びをした後、拳で軽く腕や足を叩き、肉体を意識することで、グラウンディングしておきましょう。

国津神 File 8

木花咲耶毘売

このはなさくやひめ

どんな神？

『日本書紀』、『古事記』に登場する美女神。大山祇神の娘、神武天皇の曽祖母。石長比売と姉妹で、ともに邇邇芸命（ににぎのみこと）に嫁ぎますが、邇邇芸命は醜い石長比売を送り返しました。二人を妻にすれば永遠の命が得られたのに、木花咲耶毘売だけを娶ったため、天皇には寿命が生じてしまいました。

木花咲耶毘売は実りを与える女神です。つまり、豊かさを具現化するサポートをしてくれるのです。控えめで物静かで、存在を強く主張することもなく、周囲にすっと溶け込みますが、ずば抜けた美しさで個性が際立ちます。富士山の富士山本宮浅間大社に祀られていることから、富士山の守護神とも言われます。

木花咲耶毘売

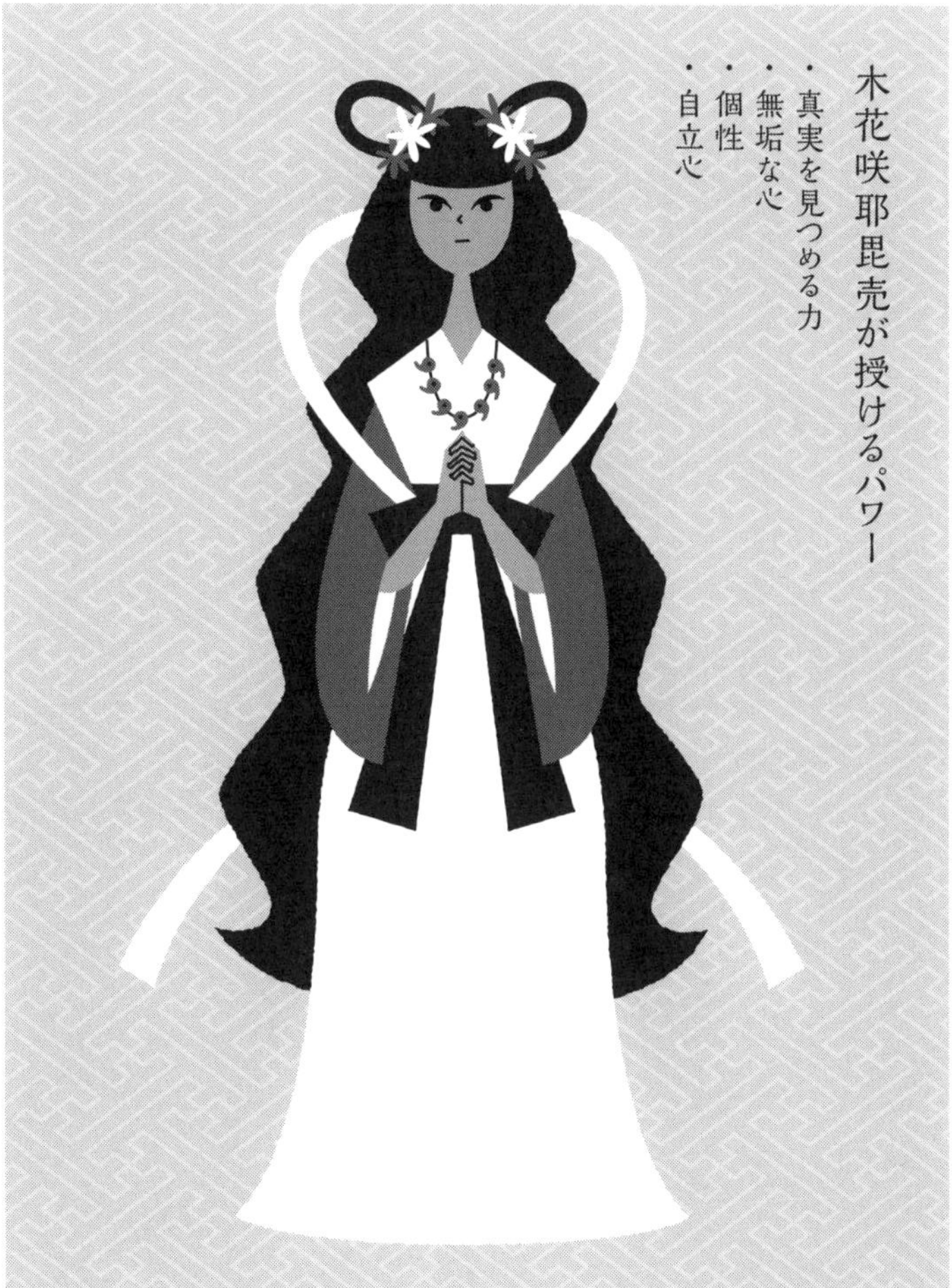
木花咲耶毘売が授けるパワー
・真実を見つめる力
・無垢な心
・個性
・自立心

眩いばかりの美しさに溢れた女神です。しかし、その華やかさとは裏腹に、ペラペラとしゃべることもなく、物静かな姫神なのです。周囲に溶け込みながらも、その場その場で光を放ち、本来の自分とはどんな自分なのかという、各々の個性を引き出してくれる女神です。

木花咲耶毘売のサポートを受けると、自分の本当の気持ちが明確になってきます。**いつも周囲に合わせて行動していると、だんだん自分の本当にやりたいこと、言いたいことが何なのかが分からなくなってしまうことがありますが、そんなときに、意識を自分軸に合わせるサポートをしてくれるのが木花咲耶毘売**です。

やるべきことを淡々とやりなさい
真実に目を向けなさい

それが木花咲耶毘売からのメッセージです。「外野の声に惑わされることなく、自分に集中しなさい」と、人生に、しっかり向き合うための集中力を高めてくれるのです。**他力**

的な思考から抜け出して、本来の自分が歩む道を示してくれる、「自立」と「自律」を確立するサポートをしてくれる女神です。

木花咲耶毘売は物静かな姫神ですが、芯の強い、激しい性格も持ち合わせています。それを象徴するように、神話には、このような逸話が描かれています。

> 木花咲耶毘売は嫁いで一夜にして身籠ったことから、邇邇芸命に不貞を疑われてしまった。しかし「私の生む子どもが邇邇芸命の子どもなら、焼け死ぬことはないでしょう」と言って戸のない燃えさかる産屋で火照命（ほでりのみこと）、火須勢理命（ほすせりのみこと）、火遠理命（ほおりのみこと）を産んだ。火遠理命の孫が神武天皇である。

この逸話から「火の女神」として、さらに噴火を抑える女神として富士山に祀られるようになりました。木花咲耶毘売が古代日本プロジェクトの復活によってエネルギーを取り戻すことで、日本の象徴、富士山もまた、本来の役割を果たすため、そのエネルギーを活性化させているのです。

木花咲耶毘売のワーク

1

まず静かに座り、両手を上に向けて太ももの上に置きましょう。軽く目を閉じ、軽く顎を引き、背筋は自然に伸ばします。

足元にはプラチナシルバーのフィールド、周りには宇宙空間が広がっているのをイメージしてください。

そうしたら、肩を意識的にグーッと上げ、そのままストーンと下ろすことで、肩と肘の力を抜きましょう。

そのまま、眉間に意識を向けながら、深い呼吸を繰り返し、リラックスします。

2

次に、心の中で「木花咲耶毘売、どうぞ私のもとに来てください」と呼びかけてください。

すると、光り輝く木花咲耶毘売が姿を現します。**木花咲耶毘売を光そのものとしてとらえ**

ても構いません。

そうしたら、

「木花咲耶毘売、私が自分軸に一致し、最も大切である、魂の望みを具現化できるようサポートしてください」

と依頼します。

僕たちは、自我やエゴの望みではなく、「魂の望み」を叶えることで、「本当の意味で幸せや豊かさを感じる」ことができます。それは「あなたの魂こそが、あなたの最善・最高を知っている」から。このワークをする際、望むことが具体的になっていなくても構いません。それが具現化された時に、あなたは「確実に満たされる」ことになるのです。

❸木花咲耶毘売を見ると、キラキラとした桜の花びらが美しく舞い散る中、優しい眼差しで

あなたを見つめているのがわかります。**彼女の手には、「あなたの軸（木）を育て、その本質（魂の望み）を次々に実らせる」エネルギーを持った光の種が持たれています。**それを、あなたに渡してくれますので、感謝して受け取ってください。

そうしたら息を吸いながら、スーッとみぞおちに納めましょう。そのまま両手を重ねて、優しく触れておきます。

❹ 再び、木花咲耶毘売を見ると、彼女を取り巻く桜の花びらが、あなたの周りに集まり始め、いつの間にか、桜吹雪に包まれている自分に気づきます。**深呼吸しながらリラックスしていると、桜の花びらがあなたのみぞおちに宿る光の種の中に、キラキラとしたベビーピンクの光の粒子になって、あらゆる方向から流れ込んで来ます。**それを、少しの間見守っていましょう。

光の種が充分に養分を取り入れると、桜吹雪は再び木花咲耶毘売のもとに戻ります……深呼吸。

❺ では、光の種に意識を向けてください。種が、スーッと下降し始め、あなたの足元から30㎝ほど下に納まるのをイメージしましょう。
するとそこから急速に芽が出て来て、木の幹を形成しながら、どんどん上へ上へと伸びていきます。横幅も縦幅も、あなたの倍ほどの大きさでイメージしてください。あなた自身が木そのものです。

木は、枝を何本も作り出し、豊かに葉を繁らせていきます……木が豊かに成長したら、ひとつ大きく深呼吸。

❻ 次に、みぞおちに意識を向けながら、「私の魂の望みを、豊かに実らせる」と意図します。
それを合図にみぞおちから、宝石のようにキラキラと輝く光の粒子が溢れ出し、そのまま幹を伝って枝へ、枝から葉へと流れて行き、「豊かな実」を実らせるのを見てください。
実は、フルーツでも、宝石でも、あなたが豊かさを感じられるものなら何でも構いません。

これは魂の望みのシンボルです。実ったら、ひとつ深呼吸しましょう。

7 それでは収穫のために、下に光のシーツを敷いてください。**自分が木であることを、もう一度意識し、一度大きくジャンプします。**飛び上がって、ドンッと地面に着くと、バラバラバラバラッと、全ての実がシーツの上に落ちたのを確認しましょう。もし、まだ残っていれば、もう一度ジャンプしてください……そうしたら深呼吸。

8 実が全て落ちると、あなたは元の姿に戻っていることに気づきます。そして、シーツの上にたくさんの実が落ちているのを見てください。とても豊かな気持ちになるでしょう。

そうしたら、シーツごと一気にその実を集め、両手に抱えます。**手にした実は息を吸いながら、スーッとハート（胸の真ん中）に納めてください。**そのまま、両手を重ねて豊かさを感じましょう。幸福感や豊かな感覚を充分に感じていると、輪郭がどんどん薄くなり、パチンと弾けます。中からは、虹色の光の粒子が溢れ出しますので、呼吸と意図を通して、まずは脳にたっぷりと満たされるのをイメージしてください。

次に頭から首、両肩、両腕、両手の先、身体を通って、両足、さらに両足の先まで、身体全体に光が満たされます。その後、身体の外に広がり、意識場であるオーラの隅々まで光が満ちるのを感じましょう。

こうして「脳」「身体」「オーラ」に光が満ちたら、ひとつ大きく深呼吸。

これから具現化が始まり、それを見るたびに「あぁ、こういうことを叶えたかったんだ！」「こんな人に会いたかったんだ……」「こうした人生を生きたかったんだよね！」と、気づいていくことになるでしょう。

❾

最後に、全てのプロセスを見守ってくれていた、木花咲耶毘売に、してくれたことの全てを感謝して、ゆっくり目を開けてください。

そのままグーッと背伸びをした後、拳で軽く腕や足を叩き、肉体を意識することで、グラウンディングしておきましょう。

国津神 File 9

石長比売《いわながひめ》

どんな神?

『日本書紀』には「磐長姫」、『古事記』では「石長比売」と記されている神です。大山祇神の娘で、木花咲耶毘売とは姉妹。岩のような長い命を持ち、美しく咲きほこるけれど命が短い木花咲耶毘売とは、対の関係。永遠と刹那、光と影、二柱で補い合って完成する神です。

妹姫の木花咲耶毘売とは対照的に、石長比売は邇邇芸命から追い返されるほどの醜女とされています。しかし実は石長比売も、美しい姫神なのです。透き通るほどに美しいその姿は鏡のように全てを映し出します。邇邇芸命が「醜い(見にくい)」といったのは、実は石長比売自身ではなくて、彼女を通して、向き合わざるを得ない、自分の姿なのです。

石長比売

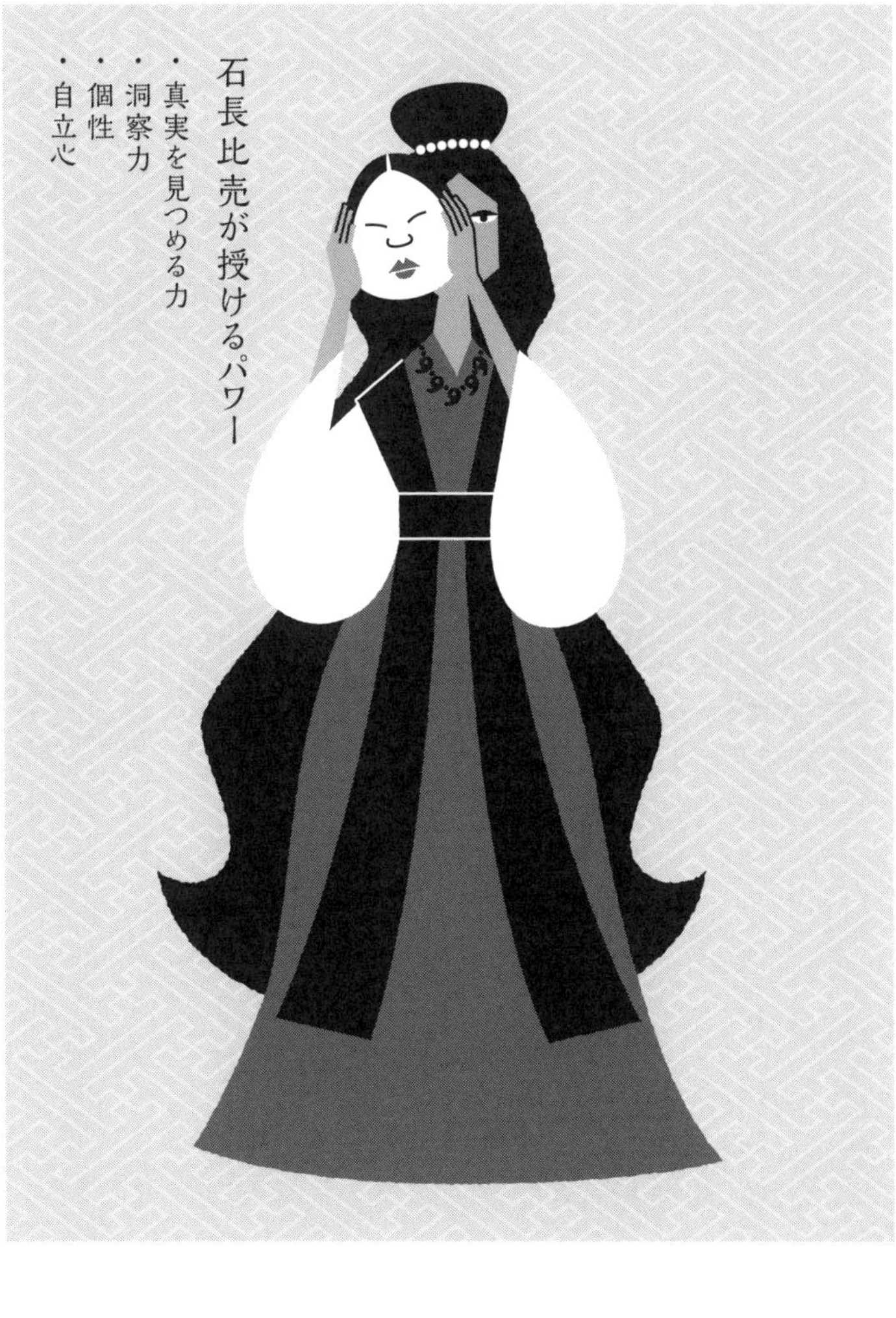
石長比売が授けるパワー
・真実を見つめる力
・洞察力
・個性
・自立心

石長比売と木花咲耶毘売は対の関係です。木花咲耶毘売が陽のエネルギーなら、石長比売は陰のエネルギーです。二柱は同じ性質の神々です。**木花咲耶毘売が光を放って真実を照らすのに対し、石長比売は自分の中の闇に向き合うことで、真実を見つけ出すサポートをしてくれる**のです。どちらの女神も「本質を見定めましょう」というメッセージは同じです。石長比売はブラックジョークを飛ばしながらユーモラスに自分の闇と向き合えるよう助けてくれるのです。

何をいやがっているのかを明確にして、如何に調和させていくかを考えよう
自分の闇と向き合わずして覚醒はない

というメッセージを携えて、**石長比売は本質を見定める洞察力を高めるサポートもしてくれます。**

孤独の中にも満たされる思いがあって、醜さの中にも美しさが埋もれていることがあるのだ、と教えてくれるのです。

瀬織津姫と邇芸速日命、木花咲耶毘売と石長比売、宇宙には彼らのように、ペアになって働く神々がいます。僕たちと神々が共鳴することで、本来の力が引き出されるように、神々たちも共鳴し合ってパワーアップするのです。こうした神々のサポートを受けようと思ったら、二柱の神々に意識を向け、名前を口に出すか、心の中で唱えてください。

どの神々も、僕たちも、持ち合わせている性質はひとつではありません。対になっている神々は一見、正反対に見えることもありますが、親和性が高く、共鳴し合っているのです。

「今、自分が望む才能や資質はどんなものだろう？」まずはそれを捉え、そのサポートを得意とする神と交流してみてください。神は下から仰ぎ見て、願望をぶつける相手ではありません。彼らと僕たちは同等な存在であり、先を行く「先輩」のような存在です。なぜなら、僕たちはマスターたちの遺伝子を受け継いでいるのですから。つまり、**神は自分の中にもいる**のです。

自分の内面に向き合って神との対話を始めてみましょう。

古代日本の神々が僕たちと交流することを心待ちにしています。

石長比売のワーク

❶ まず静かに座り、両手を上に向けて太ももの上に置きましょう。軽く目を閉じ、軽く顎を引き、背筋は自然に伸ばします。**足元にはプラチナシルバーのフィールド、周りには宇宙空間が広がっているのをイメージしてください。**

そうしたら、肩を意識的にグーッと上げ、そのままストーンと下ろすことで、肩と肘の力を抜きましょう。

そのまま、眉間に意識を向けながら、深い呼吸を繰り返し、リラックスします。

❷ 次に、心の中で「石長比売、どうぞ私のもとに来てください」と呼びかけてください。すると、光り輝く石長比売が姿を現します。**石長比売を光そのものとしてとらえても構いま**

せん。

そうしたら、

「石長比売、私の使命を明確にして、ブレることなく行動に移せるようにサポートしてください」

と依頼します。

彼女は、ピカピカに磨き上げられた鏡のような、クリアなエネルギーを持ち、**僕たちの闇を浮き彫りにし、向き合うよう促します**。さらに、各自の魂の使命や目的も明らかにし、僕たちの本当の人生のスタートを後押ししてくれるのです。

❸ 石長比売を見ると、彼女の眉間が輝き始め、徐々に光を増して行きます。そして眩しくて見ていられないほどになると、次の瞬間、彼女の姿が縦長の楕円形の美しい「鏡」に変わ

るのを見てください。

そして、あなたが映し出されますので、次のように意図してください。

「私が向き合う必要のある、私の中の闇を、浮き彫りにしてください」

すると、鏡が次第に曇り始め、一面が真っ黒になります。漆黒の深い闇が鏡の中に見えています。これが、あなたの中の闇だと知ってください。

そうしたら、自分に意識を向けましょう。あなたの周りが、この漆黒の深い闇に取り巻かれているのがわかります。それは、鉄のように硬くて重たい素材でできています。

❹

この物体を、両手を広げて、ガシッと挟み、硬さと重量感を感じてください。**それを前のほうにスコンと押し出しましょう。**

そして、そのまま宇宙空間を見上げます。そこに、太陽よりも眩しく輝く源の光が、燦々と輝いているのを見てください。

「闇を手放す」ことを意図し、両手で下から放り上げるように、闇のかたまりを、源に向かってポーンと手放してしまいましょう。

闇のかたまりは、真っ直ぐ上昇し、ズボッと吸い込まれていきます。それを見届けたら深呼吸。

5

次に自分の身体が、透明感のある綺麗なクリスタルでできているのをイメージしてください。今のあなたの身体より、3、4倍大きい姿で想像してみましょう。

そうしたら、宇宙空間に意識を向けます。そこから、先ほど手放した闇のエネルギーが、源で統合されて光となり、温かみのあるキラキラとした光の粒子になって降り注いで来ますので、クリスタルの身体が、光で一杯になるまで、リラックスしつつ受け取ってください……身体中が光で満たされたら、ひとつ大きく深呼吸。

あなたの中の「分離」が癒やされ、「統合」が進み、波動が上がります。そのままプラチナシルバーの磁場ごと、グーッと上昇するので、宇宙空間（あなたの宇宙意識）に意識を向けながら、上がり切れるところまで上がってください……止まったところで深呼吸。

⑥こうしてクリアになると、あなたは自分の魂の使命や目的に、もっと意識が向くようになります。**鏡を覗き込み、「私の使命を映し出す」と明確に意識してください。**

具体的に見える人もいれば見えない人もいます。どちらでも構いません。しばらく見ていると、鏡が虹の光でキラキラと輝き始め、鏡一面が、虹の光に覆われます。

これは、あなた自身も他人も、真の幸せと豊かさに導く、「魂の使命を表すエネルギーそのもの」です。

それを確認したら、みぞおちに意識を向けましょう。

ここに、**三種の神器のような、丸い「鏡」があるのを見てください。**そして、虹色に輝く光の粒子が鏡の中に流れ込んでくるのを見守ります。全ての光が宿ったら、大きく深呼吸。

⑦その後、鏡の姿をしていた石長比売が、元の美しい姿に戻ります。

彼女は、「あなたが惹かれる方向に向きなさい」と言いますので、360度ぐるっと見渡して、どの方向に惹かれるか、あるいは気になるかを感じながら探りましょう。

「この方向だ！」と感じたら、そこで止まり、みぞおちの鏡に意識を向けます。すると、鏡から虹の光が足元に流れ込み、そこから真っ直ぐ前に続く光の道が伸び始めますので、しっかり確認してください。

先は末広がりになっていて、その先に意識を向けると、ワクワクしてくるのがわかります。その感覚が高まって来たら、「自分の使命を生きる」と明確に決めて、一歩を踏み出しましょう。

軽やかに歩き始め、しっくり来るところまで歩いていってください……そこで、立ち止まって深呼吸。

❽

目の前に石長比売が現れますので、最後に、全てのプロセスを見守ってくれていた彼女に、してくれたことの全てを感謝して、ゆっくり目を開けてください。

そのままグーッと背伸びをした後、拳で軽く腕や足を叩き、肉体を意識することで、グラウンディングしておきましょう。

いかがでしたか？

九柱のサポートを受けとるワークを行うことで、あなたは魂の道を進み始めることになります。これ以降、直感やインスピレーション、あるいは繰り返し浮かぶ考えや何度も見たり聞いたりする情報によって、自分の使命に気づかされることになるでしょう。

そうした「導き」がやって来たと感じたら、本当に小さなことでも構いません、具体的なアクションを起こしてみましょう。すると、あなたの人生が使命に向けて流れ始めることになります。

第四章

神の国と宇宙の未来

大調和が起こり、宇宙が統合されると、どんな世界が待っているのでしょう?　そこでは、ネガティブな感情も統合され、誰もが幸せに満ち、思ったことが瞬時に実現する世界が現れます。光に溢れ、みんなの意識がひとつになる世界が待っているのです。

01

今、僕たちを取り巻く世界

2万6000年ぶりの大変革期を迎えている地球。集団アセンションが急がれる中で日本にスポットが当たり、その牽引役となる古代日本プロジェクトに携わる神々が勢いを取り戻しています。もう一度、ここまでの状況を整理してみましょう。

2018年　目醒めのゲートが開く

↓

2021年　目醒めのゲートが閉じる

↓

2021～2025年ごろ　大変容、大激動

↓

2026～2028年　再構築・再編成

2028〜2038年　集団アセンションの完了

このように、僕たちは今、激動の時代を迎えています。今年、**2024年から2025年は浄化の動きが激しいので、さまざまなことが起こる**ことでしょう。規模の大小はあれ、地殻変動によるネガティブなエネルギーの解放も起こることになります。レムリアが長い眠りから覚醒している最中なので、その象徴である日本は特に大きな変化に見舞われています。また、ここからは日本だけでなく、レムリアに関係する環太平洋の国々にも動きがあるでしょう。

地震や台風といった災害だけでなく、衝突や紛争、スキャンダルや不祥事の発覚もまだしばらく続きます。醜悪だったり、陰惨だったり、目にしたこと、耳にしたことで気持ちが揺れることもあるかもしれません。

しかし、目を背けることなく、ネガティブなことはネガティブなことであるとそのまま受け止めようとしてみてください。「悪い」「いけない」などとジャッジする必要はありません。瀬織津姫や石長比売のように、そのままを受け止めるのです。

✴2026年からは調和の流れに向かい始める

2025年を境に、変動や混乱は少しずつ収束していきます。僕たちは今、新たな世界にシフトしていくための、「通過儀礼」のようなものを体験中なわけですが、それは、意識を進化させるために必要なことと言えます。でも、言わば「大きなテスト」を終えた世界は、ここから少しずつではありますが、調和に向かい始めるでしょう。

しかし、混乱の収束は「元に戻る」ということではないのです。

たとえば、災害を経て復興した街並みは、今までとは違うものになるでしょう。旧弊なシステムを変えた会社からは、長年勤めていた人の多くが去ることになるかもしれません。混乱が収まったからといって、彼らは戻ってこないのです。

また、日本は四季のある温暖な気候の国と言われ、春夏秋冬の移ろいを愛し慈しんできましたが、ここ数年は酷暑が続きました。これが**2025年以降に元に戻るかと言えば、そうではないのです。**地球は温暖化に向かっていると言われますが、僕は長期的な視点でみると、寒冷化に向かっていると感じています。極端なことを言うと、まるで季節が夏と冬だけになってしまったかのように感じる暑さ、寒さがやってくるかもしれません。

このように、**新たな流れに向かい始める世界では、今まで当たり前と思っていたことが覆っていく**ことになります。しかしこれは、本来のあるべき姿に整っていくということなのです。これが2026年、2027年、2028年に起こる「立て直し」です。

もうその兆しは出ていて、たとえば外国資本によって日本各地に半導体事業の拠点が作られています。かつて日本の半導体産業は世界のトップを走っていました。それが外国企業に「使われる」という形で復興したので、敗北であるというとらえかたをしている人たちもいます。

たしかに、過去と同じ形で復活したわけではないですよね。でも、これを喜ばしいこととしてとらえるのか、「残念」だと嘆くのかで、アクセスできる周波数が変わってくるのです。

2028年から2038年までの10年でアセンションの仕上げ段階に入ります。2032年から地球が安定し、アセンションに向けてスピード感が増してくることでしょう。ここまではすごい乱気流の中を飛んでいたようなものですが、その渦の中を抜けると、力まなくても、抵抗しなくてもスーッと安定して飛べるようになるのです。

地球は「縦」「横」「高さ」に時間軸が加わった四次元空間でしたが、現在はアセンションに向けて波動を上げながら五次元へと移行しているのです。

五次元というのは、四次元の空間に加えて複数の空間が存在する世界です。**2032年から2033年には五次元への移行が完了する**ため、世界の揺らぎも収まっていきます。

そして、新たな可能性の扉が次々に開いていくような体験が始まるでしょう。

02 目醒めた人と世界の変化

２０１８年に全宇宙の統合、集団アセンションに向かってゲートが開き、それをくぐり抜け、目を醒まそうとする人たちが出て来ました。そして、２０２１年の冬至にゲートは閉じられ、今、人類は３つのタイプに分かれています。

目醒めを選択した人、古い地球に残る選択をした人の中でも、３タイプに分かれている

①目醒めを選択し、急速に意識を変化させている人

明確な意思を持って目醒めを選んだ人です。急速に意識を変化させ、今世、肉体を持ったまま、アセンションしていこうとしている人々です。この本を手に取っている皆さんも、このタイプの方が多いでしょう。

②目醒めを選択し、生まれ変わりを繰り返しながらゆっくり覚醒していく人

目醒めを選択したけれど意識の変化はゆっくりで、生まれ変わりを繰り返しながらアセンションに向かっていく人です。ここには自分が目醒めの選択をしたことに気づいていない人も含まれます。いわゆるスピリチュアルなことに関心がなくても、次元上昇の波に乗れる人たちはいるのです。それは、日々自分の内面を見つめ、心の声に従って、ワクワクしながら過ごしている人たちです。彼らは自覚のないまま２０２１年までに目醒めの門にゲートインしているのです。目醒めには覚悟が必要ですが、すでに覚悟と同等の意識が育っている人たちです。

③古い地球に残ることを決めた人

「まだ眠っていたい」「古い地球にとどまりたい」と言う人たちも存在します。そういった人たちは不安や恐怖といったネガティブな感情を使い続けることになりますが、それが意識の深いところでは心地いいと思っている人たちです。今、宇宙からは目醒めをサポートするエネルギーが大量に送り込まれています。日本に古代日本プロジェクトが復活したのも、目醒めをより強力にバックアップするためです。しかし、宇宙は目醒めを強制して

いるわけではないのです。古い地球に残ることを選択した人たちは、死を迎えると肉体を脱ぎ捨て、再び同じ次元に生まれ変わります。同じ次元をループする、輪廻の輪の中で次の人生をスタートするのです。

✴目指したいのは「恋慕う（ふ）わよ」

ここまで、アセンションするために大切なことをお話ししてきましたが、僕は目醒めに必要なこととして皆さんに次の言葉をお伝えしています。

「恋慕ふわよ（こひしたふわよ）」です。

こ＝心地よい
ひ＝惹かれる
し＝しっくりくる
た＝楽しい
ふ＝腑に落ちる

わ＝ワクワクする
よ＝喜びを感じる

これは僕たちの本質であるハイヤーセルフの振動数そのものですから、全ての人が持っている、本質的で根源的な感覚です。**この生来備わっている感覚を大切にすることで、宇宙との一体化、高い次元との統合が始まります。**

現実という、目の前に展開する出来事を見たとき、自分はどんな感覚を感じるか。「こひしたふわよ」を感じているか。
まずは自分の内側に意識を向けましょう。

多くの場合、こうした感覚よりも「頭」で考えて行動していることに気づくのではないでしょうか。「やりたい」より「やるべき」「こうなりたい」ではなく「こうあるべき」と考えているのではないでしょうか。また、「あの人がやっていたから（まねした）」「誰かに言われたから」やっていることも多いでしょう。行動の基準が他人に依存していて、自分軸になっていないのです。

僕たちは、意識を外に向けることで眠り、内に向けることで目を醒ますことになります。つまり、**自分軸に一致することで「統合」が起こるわけですから、まずは、何かを選択するときに、「こひしたふわよ」を感じているかどうかをチェック**するためにも、もっと自分の感覚に意識を向けることから始めましょう。

それを感じるとき、あなたのハイヤーセルフから「それは、あなたにとって正しい選択ですよ！」というメッセージがやって来ているということなのです。そして、大切なのは、**「こひしたふわよ」に従って行動する最中に出てくるネガティブな感情は「手放す」ものだということです。それを手放すことで、あなたはさらに、「本来の自分＝ハイヤーセルフ」につながることができる**のですから。

統合が進んでくると起こる変化

意識が高い次元とシンクロするようになると、身の回りの状況が変わってきます。

【第一段階】

いやな情報が入ってこなくなり、困った状況に陥ることが少なくなる

自身の波動が上がると、アクセスする周波数が変わります。すると諍いやトラブル、嫉妬や不安といったネガティブな感情が渦巻く世界にアクセスしなくなっていくので、ネガティブな情報に触れることが少なくなります。

「困ったな」と思うことも減ってくるでしょう。「最近パワハラ気味な上司に怒鳴られることがなくなったな」「いたずらばかりして私を困らせていた子どもが、大人しくなったわ」というときは、現実が変わったのではなく、今までとは異なるパラレルワールドにシフトしているのです。

「こひしたふわよ」に従って動くことがナチュラルになって来ると、不快に感じることが減り、楽しいアイディアが湧いてくるようになります。

【第二段階】

「全て持っている」という感覚になる

高い周波数を維持できるようになってくると、気分の浮き沈みがなくなり、いつも心地よい状態になります。「自分は全てを持っている」という万能感が生まれてくるのです。これはおごりたかぶった状態ではなく、わかりやすく言えば「私に必要なものは全て最適なタイミングで与えられる」という、穏やかな安心感に包まれます。
肉体も生命力が満ちてきます。疲れにくくなり、ストレスを感じなくなるので免疫力もアップします。その結果、風邪などの感染症にもかかりにくくなり、たとえ病気や怪我をしても早く治るようになるのです。

【第三段階】
現実に対する反応を自分で選択できるようになり、周りにふり回されなくなる

さらに高い次元にアクセスできるようになると、何かが起きたときに条件反射のように感情的に反応するのではなく、現実にどう反応するかを、自分で決めることができるようになります。なので、今までなら「ネガティブな現実」と判断するようなことが起きても、「ポジティブな意味づけ」ができるようになるので、「与えたものを受け取る」という宇宙の法則から、「ポジティブな結果」を受け取れるようになるのです。結果、胸が躍る楽しいこと、心が温まるうれしいことがたくさん起こるようになり、さらに幸福感が高まります。つまり、「現実によって一喜一憂することがなくなる」のです。

波動が上がることで、認識力も感情も拡大することになるので、可能性の幅も広がり、「次はこんなことをしよう」「これはこんなふうにやるともっとおもしろいのでは？」と、アイディアが次々に降ってきて、よりワクワクできるようになります。誰といても何をしていても、楽しくなるので、意識だけでなく肉体レベルから活性化することになります。それは、老化を遅らせるだけでなく、若返ることにもなるでしょう。

こうした意識になると、年齢や肌、体型などといった外見を必要以上に気にすることがなくなります。自分の本質の永遠の美しさに気づけるようになるので、目で見える、いずれ衰えていく「幻想」である肉体に、必要以上に執着することがなくなるからです。

本来の「なりたいものには何でもなれ、やりたいことは何でもやれ、行きたいところへはどこへでも行ける」という自由自在な意識とパワーを取り戻すことになるのです。

このとき、僕たちは「自分の内なる神を見出した」という状態になります。

03 ニュートラルである、ニュートラルになるということ

アセンションのプロセスにおいて、もうひとつ大切なことがあります。それはニュートラルな意識を実現すること。

ニュートラルでいるというのは、まさに瀬織津姫の在り方そのものです。「善・悪」「光・闇」など相反する二つの極性を、どちらにも偏ることなく、ありのままを受け入れられる意識状態のことです。俯瞰的に捉え、ただあるがままを受け入れるスタンスです。

これは仏教では「中道」、儒教では「中庸」と呼んでいる在り方です。

「ニュートラルである」ということは、常に自分の中心軸に一致しているということ。自己中心的、自己チューは自分勝手の極致のように言われますが、**ニュートラルはそうではなく、どちらかに偏るという在り方から距離を置き、ある事柄を高い視点で捉えたら、どんなふうに見えるだろう、感じるだろう、という意識を働かせてみる、ということ**です。

僕のお伝えしている「統合ワーク」では「自分の意識のニュートラルなポイントを探す」のですが、最初は、瞬時にニュートラルになれるわけではありません。「このあたりに立つとしっくりくる」「この辺がニュートラルポイントかな」と、意識的に探るトレーニングをしていると、徐々に体感で捉えられるようになるのです。

また、「ニュートラルになる」というのは、一度立ち止まって自分の内面に問いかけてみるということでもあります。大国主命の、早急に判断するのではなく、全体像を見渡すゆとりであり、邇芸速日命の真実をあぶり出す力です。つまり、**自分の中心に一致するとい**

うのは、結果的に他者と調和するということなのです。

ニュートラルになることで、自分の進むべき道もクリアに見えてきます。「この仕事を続けるべき？やめるべき？」「この苦しい人間関係において、自分はどんなスタンスでいればいいのだろう？」そんな疑問が湧いて来たときに、どうすればいいかが自ずとわかるようになるのです。好き嫌いや二元論で物事を決めることがなくなり、本当に進むべき方向性が見えてくるんですね。

ニュートラルなポイントに立つことで、本来の自分と深くつながることができます。**本来の自分は「ワンネス」という根源の意識とつながっているので、「全てとのつながり」を体感でき、高次の存在とも、より深くコネクトできる**のです。

04

なぜ僕たちは「眠った」のか

並行宇宙における天の川銀河を除く全ての領域はすでに統合を果たし、天の川銀河だけが分離した状態にあることはお話ししました。天の川銀河だけが欲やプライドを手放せず、統合を拒んだことも、先に触れた通りです。

美しい惑星、地球（テラ）は、「できない」「やれない」「難しい」という宇宙では体験できないことを体験できる、完全な意識から見たらテーマパークでした。

目醒めている意識は「完全な意識」であり、本来の僕たちは、そうした意識そのものですが、何でもできる、やれる、ということに、少し飽き飽きしたんですね。根源の意識は「進化・成長・発展・拡大」を常に意識していて、好奇心旺盛なため、「体験」というデータをたくさん必要としていました。そのため、**普通にはできない体験をしたいと、この地球特有の「不自由さ」を体験するために波動を下げ、眠ることを選択した**わけです。

不安や恐怖は、高い意識では、あまりにも軽やかすぎるため、そのままでは「ふあ〜ん」「きょ・う・ふ〜」というように、今の僕たちが知っているように、身も世もないような臨場感で感じることはできなかったため、本来の完全な意識を忘れ去るほどに波動を落とし、「経験値」を高めていったのです。

言い方を換えると、この地球は、それだけ魅力的な体験ができる惑星であるのと同時に、本来の完全な意識にとっては、まさに「エクスタシー」だったのです。

チャクラで知る宇宙とつながる感覚

すでにお話しした通り、**僕たちは肉体を持ってアセンションしようとしているため、肉体の機能を支える目に見えないエネルギーシステムにも気を配り、整えていく必要があります。**そうして肉体もアップグレードすることで、本質であるハイヤーセルフをグラウンディングし、高次の意識そのもので生きることができるようになります。それは同時に宇宙とつながることを可能にするのです。

僕たちの身体には「チャクラ」と呼ばれるエネルギーセンターがあります。見える世界と見えない世界のエネルギー交流のポイントとなる場所です。レムリア、アトランティスの黄金時代には、基本的に12のチャクラが機能していたのですが、波動を落としていくうちに7つに集約されてしまいました。それが、アセンションのサイクルに入った今、僕たちは再び12チャクラを取り戻そうとしているのです。

【12チャクラ】

ステラゲートウェイチャクラ
頭の上30cmほどのところにあり、
色はゴールデンオレンジで、
大天使メタトロンが司る

ソウルスターチャクラ
頭の上15cmほどのところにあり、
色はマゼンダで、
大天使マリエルが司る

コーザルチャクラ
頭の上5cmほどのところにあり、
色は純白で、
大天使クリスティエルが司る

クラウンチャクラ
頭頂部にあり、
色はクリスタルクリアで、
大天使ジョフィエルが司る

第三の目のチャクラ
眉間にあり、
色はクリスタルクリアで、
大天使ラファエルが司る

喉のチャクラ
喉にあり、
色はロイヤルブルーで、
大天使ミカエルが司る

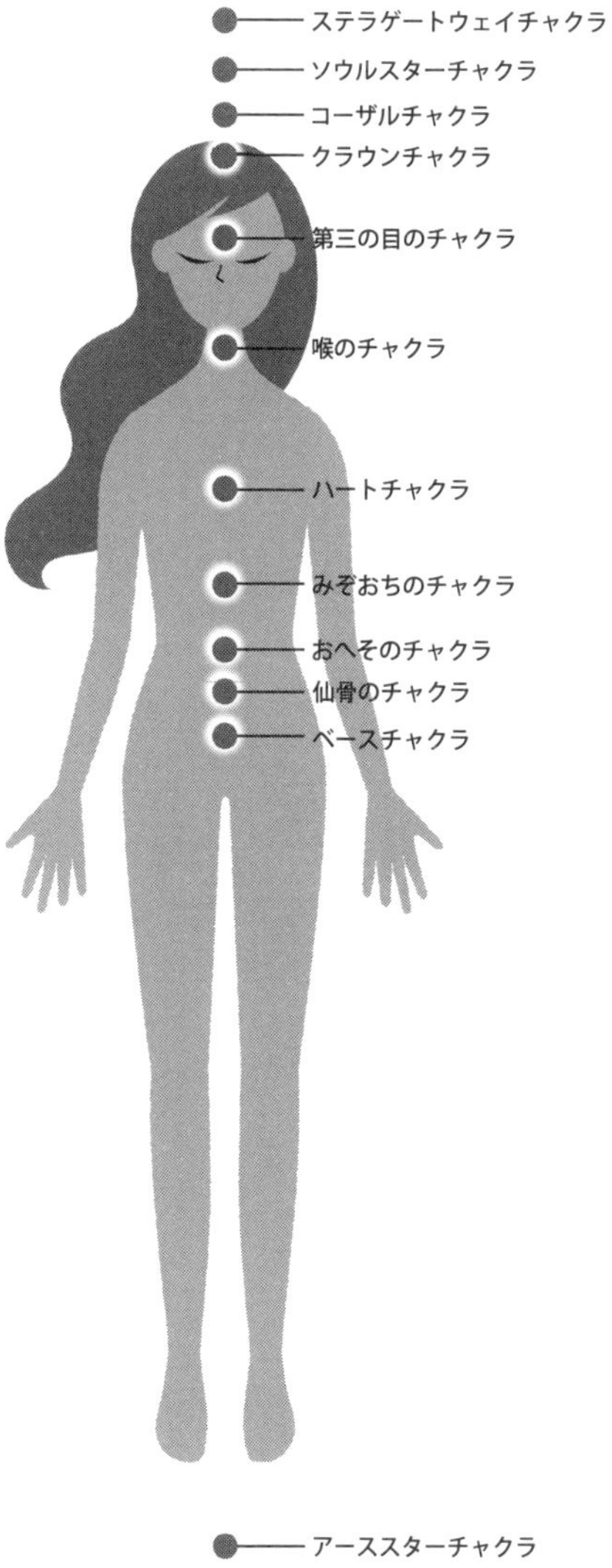

ハートチャクラ
胸の真ん中にあり、
色は純白で、
大天使チャミュエルが司る

みぞおちのチャクラ
太陽神経叢にあり、
色は深いゴールドで、
大天使ウリエルが司る

おへそのチャクラ
おへそにあり、
色はオレンジで、
大天使ガブリエルが司る

仙骨のチャクラ
下腹部にあり、
色はベビーピンクで、
大天使ガブリエルが司る

ベースチャクラ
背骨の基底部にあり、
色はプラチナで、
大天使ガブリエルが司る

アーススターチャクラ
足元から約30㎝下にあり、
色は白と黒(陰陽)で、
大天使サンダルフォンが司る

12のチャクラは12層（螺旋）のＤＮＡとも関連していて、今までは2層のＤＮＡしか機能しておらず、他の10層はジャンク（ゴミ）と言われていたものが、これからの時代には再び機能を取り戻し、本来人間に備わっている驚異的な能力を取り戻そうとしているのです。その中にはＳＦの世界で語られる、テレポーテーション（瞬間移動）やレビテーション（空中浮遊）なども含まれます。

そんなバカな話、と思われるかもしれませんが、レムリアやアトランティスが高い波動を保っていた頃は、これらの能力を誰もが普通に使っていたのです。

12のチャクラを活性化するワークを簡単に次のページでご紹介しましょう。**本来の機能を復活させるには、継続的に意識し働きかける必要があります**が、まずは、できることから少しずつ取り組んでいきましょう。

なお、各チャクラの機能については、ここでは、トータルで浄化・活性化することで、僕たちの「潜在的な可能性が引き出されるだけでなく、肉体も活性化し、人生がスムーズに流れ始める」とだけ理解しておいてください。

大天使と共同し、チャクラを浄化し活性化するワーク

❶ アーススターチャクラ（足元から約30㎝下）を意識しながら、チャクラを司っている大天使サンダルフォンに「大天使サンダルフォン、私のアーススターチャクラを浄化し、活性化してください」と唱えます。

❷ 深呼吸をしながら、彼らが調整してくれるのを待ちましょう。そして直感的にＯＫと感じたら、「ありがとう」と唱え、次のチャクラに移ります。

❸ アーススターチャクラから始めて、順番にステラゲートウェイチャクラまで、同様に行います。

歩きながらでも、横になりながらでもいいので、必要だと感じたら行ってみてください。

✷多くの人たちが肉体を持った状態で統合を起こすのは初めて

現在のように、多くの人たちが、肉体を持ったままアセンションを迎えようとしているのは、初めてのことです。目を醒ますことを選択した人たちの中でも、「今世、アセンションする」ことに意識を向けている人たちが、まさにこのタイプです。

「肉体を持ったまま宇宙意識を体現して生きる」という状態は、これまでの歴史上、偉大なマスターたちがわずかながら達成していた意識状態であり、望めば誰でも悟れる、覚醒できる可能性を秘めている現代は、本当に恵まれた環境にあると言えるでしょう。

このアセンションを達成するために、僕たちはさまざまな角度から人生経験を重ねて準備してきたのです。

05 大調和を達成した後に訪れる地球の姿とは

多くの人が波動を上げ、源とつながる「ハイヤーセルフ」と統合されたのちの地球は、どんな世界になるのでしょう？

それは、ひとことでいえば、悦びが溢れる世界です。

あなたは宇宙と一体化しているのです。膨大で強靭なエネルギーを備えているので、思ったことがすぐに宇宙に聞き届けられ、具現化します。**これまでなら難しいと感じることでも、あなたが心から「やりたい」と思ったら、優雅にやすやすと達成してしまうでしょう。また「行きたい」と思ったところには、どこへでも行けます。そして「こうなりたい」と思ったら、何にでもなれる**のです。

周囲を見渡してみてください。あなたの周りの人たちも、同じように自由自在に生きていて、誰もが満たされています。余計な小競り合いや足の引っ張り合いもなくなります。

自分と他者を比較することがなくなるからです。執着や捉われから解放されるため、常にリラックスしていて、誰もが次にさらにいいことが起こることを確信しています。人生そのものが喜びとなり、新たな展開にワクワクしています。宇宙の最善、最高の流れの中で、無条件の愛に包まれているのです。

大調和を達成した世界（ハイヤーセルフとして生きる世界）では、「一人が皆のため、皆が一人のため」という在り方がナチュラルになります。そのため、**それぞれが自分の幸せに向かって進んでいるのに、結果的にはみんなのためになるという、これまでにはない世界が展開**します。それは、ハイヤーセルフとのつながりを取り戻すことで、「全てとのつながり」が出るからであり、「皆でひとつ」という意識が普通になるからなのです。

人々の変化→ラベリングから解放される

大調和の世界では、年齢、肌の色、国籍といった区別が限りなく少なくなっていきます。「男性」「女性」という性別の概念も大きく変化し、違いを認めた上での、真の平等が達成されるのです。人々は、より健康的になり、病気にならなくなっていきます。子どもの中には超人的な能力を発揮する子も出て来るでしょう。チャクラの項でお話しした、関連する12層のDNAが活性化し始めるからです。

年齢、肌の色、国籍といった区別

人々は、直感力や洞察力が増し、容姿を含めた外見の奥にある「本質」に目を向けることができるようになるため、年齢や性別、また肌の色や国籍などでジャッジしたり差別することもなくなります。さらには、テクノロジーの発達により、移動手段も大きく変化するため、たとえば国と国を行き来する時間も大幅に短縮されるので、より一体感が深まり、国境で分けるなどという意識も薄らいでいくでしょう。

病気と無縁になっていく

レムリアやアトランティスの黄金期には、いわゆる病気にかかる人はいませんでした。自分軸と一致して過ごしていると、病気になれなくなるのです。基本的に病気というのは、本来の自分の在り方からズレたときに、サインとして現れるものなので自分の魂という本質は、「何を望み、どうしたいのか?」にしっかり向き合い、行動するといった「軌道修正」を行うことで、自然に治癒することになるのです。もちろん、肉体に取り入れる食べ物や飲み物も、「自分にとって最善なものは何なのか?」に意識を向け、取捨選択することが大事になりますが、ハイヤーセルフと一体になるほどに、「自分に必要なもの」が明確にわかるようになるので、それに行動を一致させて行けば、いつも最良の状態を維持することができるようになるんですね。そうした意識で過ごしていたレムリアやアトランティスの人々は、当然、「病気になる理由がない」わけです。

ここで、大切なポイントをお伝えすると、彼らは「ハート」に従っていたのであり、「頭」に従っていたのではありません。頭はエゴにつながっていて、ハートはハイヤーセルフにつながっていることを、よく理解していたからです。なので、僕たちが向かっている「新しい地球」において大事なのは、この「ハート」の声に耳を傾ける、ということです。それは頭であーだこーだと捻り出すものではなく、直感、あるいはファーストインプレッションが閃くときのように、「理由はわからないけど、何となくそうだと感じる」といった感覚でやって来ます。なので、理路整然と、あーだからこうで、こうだからあーなんだ、と理屈でわかるものではありません。でも、皆さんは、本書で「こひしたふわよ」を学んでいますから、その「ハイヤーセルフの言語」を頼りに、進んでいっていただけたらと思います。

性別すらも超越する

先にもお話ししましたが、ＬＧＢＴＱ（Ｌ＝レズビアン Lesbian 女性同性愛者、Ｇ＝ゲイ Gay 男性同性愛者、Ｂ＝バイセクシャル Bisexual 両性愛者、Ｔ＝トランスジェンダー Transgender 性別境界を超える人、心の性と身体の性が一致していない人、Ｑ＝Queer または Questioning 性的少数者全般、または自分の性別や性的嗜好がわからない人）の人たちがクローズアップされているのは、新しい地球へと移行するプロセスにおいて、彼らのエネルギーが必要だからです。

それは、誰もが彼らのようになりましょう、と言っているのではなく、彼らは、「中性的＝ニュートラルなエネルギー」を体現し得る存在だからです。「男性とはこうあるべき」「女性とはこうあるはず」という在り方に、一石を投じるわけです。実際、意識の統合が進むと、女性性と男性性が統合され、中性的になっていきます。もちろん、男性が女性らしくなるとか、その反対というのではなく、女性が男性の気持ちがわからない、あるいは男性が女性の気持ちを理解できない、というようなことがなくなっていくのです。誰の中にも持ち合わせている極性をバランスよくさせるべく、そのひとつの見本のように、自らを体現するのが、ＬＧＢＴＱの人たちの役割のひとつと言えるでしょう。今はまだ社会の偏見に晒されることも多いですが、彼らは、それだけ勇敢な意識なのです。

規格外の子どもたちが出現する

大人たちが覚悟を持ってエゴ（自我）とスピリット（ハイヤーセルフ）を統合するのに対し、生まれながらに高い能力と精神性を備えたスーパーチルドレン、誕生した段階で宇宙と統合できている子どもたちが出現します。この規格外の子どもたちは、地球の次元上昇をサポートするために生まれてきます。古い地球においても透視ができたり、テレパシーで話ができたりする子どもたちがいますが、彼らはサイキックな能力が高いだけでなく非常に広い心を持っていて、癒やしのかたまりのような存在です。明るく強い波動で周りを包み込みながら、アセンションへつながる気づきを与えるのです。

子どもは無限の力（もちろん大人もそうです）を備えています。「あそこにおじちゃんがいる」と空に目を向ける子どもが今もたくさんいますね。僕たちに視えないものが視える幼子たちは、自らの力を封印せずに使っているのです。成長するに従って視えなくなってしまうのは、「霊なんて存在しない」という、大人になるにつれて身につける「常識」によって、邪魔されてしまうからです。彼らには、スピリットの存在がちゃんと視えています。なので大人は、たとえ視えなかったとしても、否定だけはしないであげてください。そうした感性は、これからの時代を生きていく上で、本当に大切になって来ますから。

コミュニティの変化→レムリアの黄金期の波動を、より高いレベルで復活させる

新しい地球におけるコミュニティの最大の変化は、これまでの「家族」という概念が希薄になることです。コミュニティ全体で子どもを育て、老人をケアしていくのです。みんなが協力し合い、必要なものを与え、与えられるという豊かさに満たされて暮らすことになります。

既存の家族という概念が希薄になる

さまざまな「こうであるべき」「こうであるはず」という概念が崩壊すると、家族という概念も希薄になります。古い地球ではジェンダーとともに「お父さん」「お母さん」「おじいさん」「おばあさん」という血のつながりと性別による役割分担が、ある意味、明確でしたが、既存の「家族」という単位で役割を決めて生活するというスタイルが変化します。

それこそ、レムリア時代にはすでに、一般的な家族という枠組みが取り払われたコミュニティが存在していました。誰が産んだ子どもであってもみんなで育てていたのです。お年寄りのこともコミュニティ全体でサポートしていました。大調和に満ちた新しい地球では、このレムリア時代のコミュニティがさらに進化して、より高いレベルで再現されようとしています。子どもを産みたい人が産み、育てたい人が育てる。家族という概念で囲い込みや縛りつけがなくなるので、それぞれが明るい使命感と喜びの中で子どもやお年寄りと接するようになるのです。

この真の調和に満ちた未来図は、レムリアまで遡らなくてもじつは日本にも、これによく似た形態がありました。江戸時代の「長屋の暮らし」です。ゆるやかにつながる複数の住居（コミュニティ）の中で暮らし、「誰の子どもか」ということに関係なくみんなで子どもの面倒をみて、「差配人」という管理人が身寄りのないお年寄りの看取りまでを務めました。長屋の共助スタイルは強制されたり、制度として取り決められたりしたわけではなく、まさに龍の国・日本で生まれた調和の形と言えるでしょう。

住む場所の変化→「住む」という概念の変化

住む場所は自然回帰が進み、動物を含めた自然界と深いコミュニケーションが取れるようになります。自由で軽やかな意識に変化すること、それに伴う「働く」ことや「豊かさ」に対する定義や価値観も変わることから、同じところに定住する必要性を感じなくなり、あちこちに拠点を持って移動しながら暮らすようになる人も出て来ます。また火星など、他の惑星に移住する人たちも出て来ることになるでしょう。

自然回帰・自然や動物との共生が進む

2015年、国連総会で「ＳＤＧｓ＝エスディージーズ Sustainable Development Goals

持続可能な開発目標」という国際的な目標が採択されました。地球を開発していく中で、自然環境などを無計画に破壊することなく、持続可能な開発をしようという取り決めで、17の国際目標と169の達成基準が設けられました。

ＳＤＧｓの取り組みの一環で、東京オリンピックでは一部木造のスタジアムが建設されましたし、選手村に使われた木材をただ取り壊すのではなく、ほかの建物を作る際に再利用するシステムが構築されたそうです。オリンピックスタジアムに限らず、麻布台ヒルズでは新たな建物を作る際には周囲に植物を多く植林し、森を作る試みが始まっています。自然界とハーモニーを奏でるように住もうという兆しが生まれているのです。

大調和を実現する新しい地球では、もっとドラスティックでドラマチックな自然との共生が図られるようになります。地下や樹上、海上や水中に住居が作られるようになるのです。今の技術では鉄筋や人工的に作られた材質の建築物に自然界の中にある材質を組み込むだけですが、自然の地形や樹木をそのまま活かした住居が開発されます。

ほかの動物との共生の形も進化します。「共に生きる」という意識がより高いレベルのものになるわけです。それは植物も動物も人類も意識レベルで、より深くつながれるようになることを意味しています。テレパシーで意思疎通ができるようにもなるでしょう。そのため、ペットとの暮らしかたも変化します。

食べるために育てる畜産動物や水産魚類も、共に生きるものとしてストレスのない飼育が求められるようになります。そもそも食事というものを必要としない傾向が強くなっていくので、畜産、水産というもの自体が少なくなっていきます。

代わりにプラントベースの食品の開発は今後も進んでいきますが、生きるための糧としての性質は薄まり、「食べる喜び」のための食事となっていくでしょう。自然（地球環境）を損なわず、ほかの生物と共生する流れが強くなっていくのです。

ノマド化が進む

初期縄文時代も、レムリア時代と並んで大調和の精神が息づき、人々の波動が高かった時代です。稲作が始まるまで、人々は食べるものがある場所を求めて移動して暮らしていました。

季節の変化に合わせて食べ物がある場所、心地よく過ごせる環境に移動する。災害や人間同士のいざこざが起これば、相手が干渉してこない安全な場所に移り住む。文字通り「距離を取って」過ごすことが可能でした。すぐに移動ができるよう、環境負荷の少ないコンパクトな暮らしをしていたのです。

近年になって「ノマド族」と呼ばれる人たちが出現しています。決まった場所に定住せず、好きな場所に移動して暮らす人々です。彼らは仕事もリモートワークにして、日本だけでなく世界各地を転々と移動する生活スタイルです。来るべき大調和の世界のコミュニティがレムリア時代の高次変換なら、居住スタイルは初期縄文時代にそのルーツがあるのです。新しい地球では、人々は「絶対的にこの場所」という決まった住居を持つという概念は変化することになります。そして拠点を持たないというより、あちこちに複数の拠点を持って暮らしていくのです。

ほかの惑星への移住

当然、地球と地球以外の星や惑星を行き来することも出て来ます。アメリカ航空宇宙局、NASAでは地球外生物の探査や惑星移住の技術開発を進めているのは、皆さんもよく知るところでしょう。アメリカのイーロン・マスク氏は火星への移住計画を公言しています。「ほかの惑星に入植しなければ人類の命運が尽きる」とまで言っています。その真偽はともかくとしても、これから僕たちは、宇宙に向けてオープンになることが求められているのです。

経済・産業→バーチャル化、流動化が進む

新しい地球では、お金はなくなっていく方向性を辿りますが、そのプロセスにおいて、通貨も国ごとに分ける必要がなくなり、世界共通通貨が登場するかもしれません。いわゆるデジタル通貨は今以上に活発になるでしょう。エネルギーは太陽、大気、地熱といった尽きることのないフリーエネルギーが主流になります。テクノロジーの進歩に伴い、バーチャルの世界で生きる「人類」も出てくるでしょう。

世界共通通貨、デジタル通貨が主流となる

古い地球では国ごとに通貨が決められ、他国とやり取りをする際には決められた為替レートで交換するスタイルが取られています。しかしここには、国家同士の力関係や経済状況など、さまざまな要素がからみ合い、平等で公平な交換がなされているとは言えません。

一国一国ではなく、大きな経済圏でやり取りしようとEUでは共通通貨が決められました

し、今後も複数の国家が参加した共通通貨が作られるようになるでしょう。世界共通の通貨が誕生するかもしれません。

また、国家間で経済システムを構築する動きよりも早く、「仮想通貨」も生まれました。仮想通貨は国に関係なく使われています。今後は共通通貨やデジタル通貨が標準的なものになり、主流となっていきます。

しかし、それ以上の変化として、人々はお金にこれまでのような価値を見出さなくなります。「お金も豊さもただのエネルギー」であることに気づくのです。

宇宙から見れば、豊かさもお金もただのエネルギーです。エネルギーを注いだ分だけ、その対価として、たとえばお金という形で入ってくるのです。お金は「よい」ものでも「悪い」ものでもなく、ニュートラルなものです。与えたエネルギー量に相当するものを、何らかの形で受け取ることになる、というシンプルな法則に基づくものです。

ところがなぜか古い地球では、「お金をたくさん受け取ってはいけない」という意識を持っている人が多くいます。お金に関して罪悪感を持っている人が少なくないのです。

こうしたカルマを持ち続けていると、たくさん働いているのにそれに見合った報酬が入ってこないという事態になりかねません。お金が入ってこない要因はカルマだけではありませんが、少ない報酬に対して執着が強くなり、「もっともっとお金が欲しい」と、お金を循環させることなく溜め込むことで、かえって豊かさの流れを止めてしまったりするのです。

でも新しい地球では「お金もただのエネルギー」という意識が僕たちの中にしっかりと根差します。それは、「豊かさというのは、お金だけを通さない」ということを理解することでもあります。つまり、お金にこだわることなく、豊かさを受け取ることができるようになるのです。豊かさとは、お金のことも、情報のことも、チャンスのことも、人間関係のこともあるわけです。そう考えると、実はたくさんの豊かさを受け取っていることに気づくでしょう。ちなみに、新しい地球の豊かさの定義とは、「やりたいことを、やりたいときに、やりたいだけやれる」になります。それには必ずしもお金は要らないのです。

それが理解できるようになると、もはや「お金」に縛られることはなくなります。

フリーエネルギーで暮らせるようになる

フリーエネルギーというのは、宇宙から降り注ぐ素粒子、波動、重力などのエネルギーです。水、風、太陽、大地から受け取るエネルギーもフリーエネルギーで、水力、風力発電、太陽光発電、地熱を利用した設備などは、フリーエネルギーを使いやすい形にしたシステムです。フリーエネルギーとはエネルギーフリー、石油のように有限なものではなく、元手がかからず循環させていけば永久に使えるエネルギーです。そして、僕たちはすでにフリーエネルギーを取り入れながら暮らしています。

それは、僕たちの周りを取り巻く「プラーナ（生命エネルギー）」で、これもフリーエネルギーのひとつです。今はまだ、このプラーナを取り入れる器官が発達していないため、十分なエネルギー循環を起こせていませんが、いずれ、プラーナだけで肉体を維持できるようになるでしょう。

今後はこうしたフリーエネルギーを活かす動きがさらに加速します。フリーエネルギーを活かすというより、フリーエネルギーだけで暮らせるように、テクノロジーが進化します。もとよりフリーエネルギーを活かすシステムは存在するのですが、利権の問題も絡んで、なかなか世の中に出て来るまでは至っていません。でも大調和の世界では利害関係は存在しないので、フリーエネルギーを存分に活かすことができるのです。

自然の中に存在しているエネルギーを活かす。自然の中に存在ものだけで暮らす。本来、この地球の資源は、全てのものを活かしても、なお有り余るほど豊かなのですから。

自然と調和する。他の生物と調和する。万物と調和する。フリーエネルギーで生きるというのは、大調和のひとつの形なのです。

バーチャルで生きる人が出現する

新しい地球では、意識領域の研究が、どんどん盛んになっていきます。

制限のある肉体を持っていると、不自由を感じることも多いでしょう。そこで意識の世界の探求が盛んになり、テクノロジーの進化も相まって、「脳」だけで生きる、つまりバーチャルな世界で生きる人たちも出てくることになるのです。

そうなると、「寿命」というのもあいまいになってきます。だって、肉体がないのですから……。なので「じゃあ、いつ命を終えるのか」という問題が出て来ることになり、議論されることになるでしょう。

人間って何？　脳があれば人間？　「心」は脳にあるの？　肉体が生物学的な終わりを迎えたら、「脳」を別の容器に保存されれば人生は続くのでしょうか？

古い地球で先人たちが「哲学」として考え、悩み、答えが導き出せなかった領域の選択が始まります。

テクノロジーの発達で、脳を保存しておくことも、肉体を失った人にバーチャルな肉体を授けることも可能になります。今もすでに、ゲームの世界で「アバター」を用意して、リアルな自分を投影しながら仮想空間の自分を使い、楽しんでいますね。このアバターがゲームだけでなく、実生活でも利用されるようになるでしょう。そうなると、着替え感覚でアバターを変化させて生きることができます。今日の私は10代の青年、明日のわたしは青い瞳の老人と、自由自在です。

イエス・キリストの祖母、アンナは600歳まで生きたと伝えられています。多くの人は、「人間が600歳まで生きるはずがない」と思うことでしょう。しかし実際に、アンナは600歳まで生きました。どうやって？　アンナは自分の細胞を活性化し続けたのです。その鍵は、DNAの中にあります。

僕たちは人間としての本来のポテンシャルを活かしきれていません。新しい地球では、僕たち一人ひとりがアンナになるのです。それは、年齢や肉体という枠を超えて存在する可能性にオープンになることを意味しています。

06 神々は僕たちの中にいる

二〜三章では日本に降り立った「古代日本プロジェクト」に関わる神々についてお話ししました。彼らは日本を愛し、今、僕たちの目醒めを後押ししてくれています。また、この日本の神々と交流するためには、自分の内面と向き合うこと、大国主命も素戔嗚尊も瀬織津姫も皆、僕たちの意識の一部です、ということもお伝えしてきました。

では一体、「神」とは何なのでしょう？

「かがみ」から「我」取ると「神」になる

神々と僕たちの関係をひとことで言うと、「かがみ」の関係です。宇宙は、僕たちの意識を正確に映し出す「かがみ」です。

この世は「鏡の法則」でできている、等と聞いたことがあるでしょう。つまり、僕たちの内にあるものは、鏡である「現実」を見れば、一目瞭然でわかるということです。

さて**「かがみ」という言葉から「が（我）」が外れると「かみ（神）」になります。僕たちが外す必要のある我とは、エゴイスティックな感情であり、古い地球の周波数**です。

ダルマさん落としをイメージしてもらうと、**一番上の頭の部分が「ハイヤーセルフ（神）」で、一番底辺の部分が「今の自分」、そしてその間に何段も重なっているのが、恐怖、不安、疑念、嫉妬、罪悪感、無価値感というネガティブな周波数**になります。**それらのひとつひとつが我となり、僕たちと神を隔てる距離になっている**のです。

あなたの目の前に展開する現実を見たときに出てくる感情が、居心地のよくないネガティブなものなら、それを手放します。なぜなら、それが「我」だからです。捉えたら手放す、捉えるたびに手放す、と繰り返していると、あなたの波動はどんどん上がっていくことになります。まるで、重しを降ろすように軽くなるのです。

実は、重い荷物を床に置くくらい簡単なことなのです。そうして、ある程度上がっていくと、ネガティブな影響から抜けることになります。今までは、誰かに何かを言われて喜び、何かがあると、一転して不安になる……という一喜一憂の在り方から抜けていくことができるのです。

さらに手放し続けていくとどうなるのでしょうか？　ダルマさんの頭と今の自分との差（間）がなくなり、ピッタリくっつくことになります。つまり**「差が取れて、神と合一（統合）」される。これが「悟り（差取り）」なのです。**するとあなたの意識は神そのものになります。「こひしたふわよ」の意識そのものので存在することができるようになるのです。

それではここで、統合の方法をひとつ、お伝えしましょう。

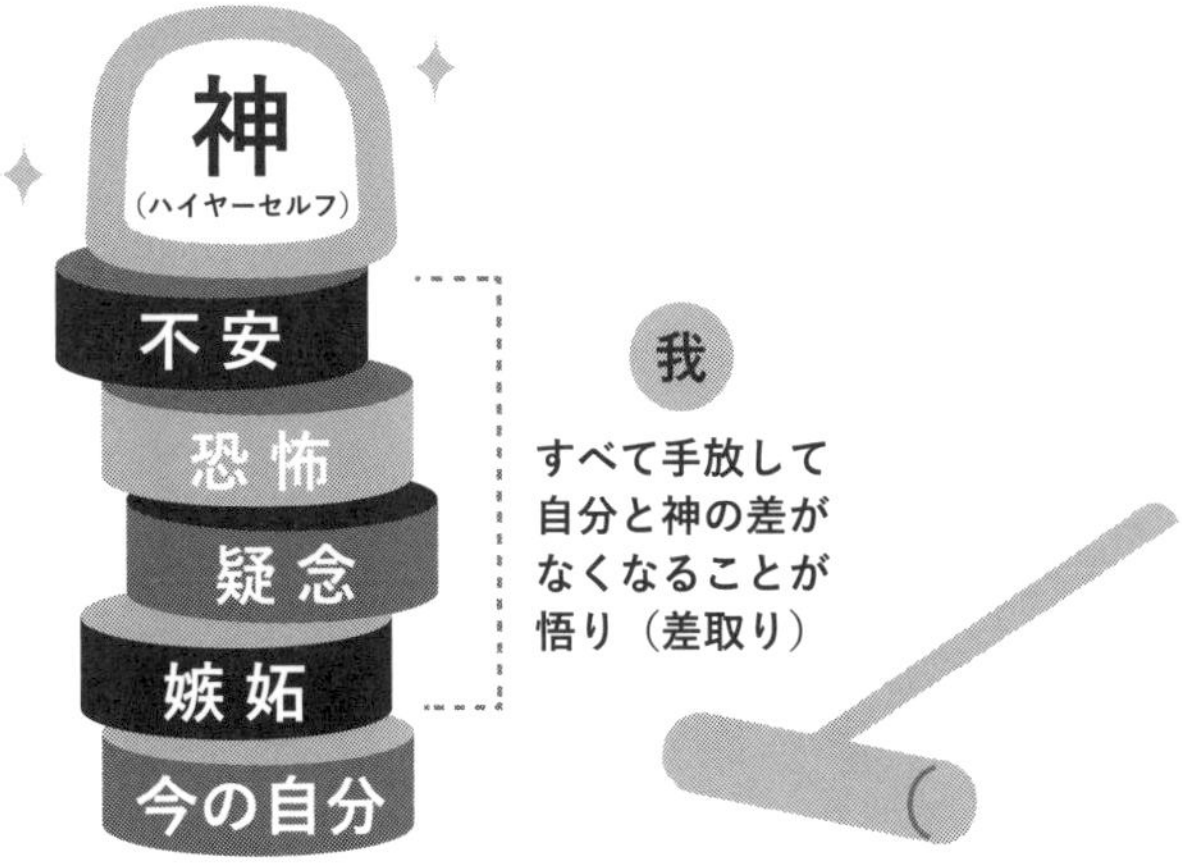

ネガティブな感情を統合するワーク

❶ ネガティブな感情を、重くて硬い、真っ黒な鉄のかたまりであると想像してください。それは、あなたの身体のどこにありますか？　おなか？　胸？

❷ 次に、あなたの両手が強力な磁石になっているのをイメージします。磁石になった手を鉄のかたまりがある場所に当てて、それを両手でズルズルズルッと身体の外に引き出します。

❸ ちゃんと、身体の中から両手にくっついて、引き出されるところを、心の目で見てください。そして最後まで引き出したら、ズッシリとした鉄のかたまりを、ありありと眺めます。輪郭や硬さ、重量感をしっかり感じましょう。それができたら、宇宙に向かって、ポーンと解放します。

4 すると、鉄のかたまりは細かい砂のような粒子になって、ザッと宇宙に広がり、瞬く間に、宇宙の隅々に到達します。そう思えばＯＫです。

そして宇宙の彼方に広がると、そこでネガティブなエネルギーは浄化され、ポジティブでピュアな純白の光になって戻って来ますので、両手を広げて深い呼吸とともに、おなかや胸の空いたスペースに、しっかりと満たしてあげてください。全て戻って来たら、ひとつ深呼吸……。

5 そうしたら、自分の体感を感じてみます。軽やかになっていれば成功です。でも、もしまだ残っている感じがしたら、その感覚を、もう一度同じ手順で手放してみてください。ひとつの感情に対して、二度ほど行うと効果的です。

✴ネガティブな感情は手放すほどに小さくなる

ネガティブな感情は「玉ねぎの皮」のように何層にも重なるように存在しています。だって、輪廻転生の長い歴史において、ずーっと使い続けて来たのですから。

なので、手放しても何度も出て来て、キリがないと思うこともあるかもしれませんが、玉ねぎの皮ですから、**手放すたびに、一枚、二枚、五枚と剝がれていき、どんどん小さくなっていく**のです。つまり、同じ感情が出て来ているのではなく、ネガティブな感情の次の層が出て来ていると知って、楽しみながら外していきましょう。

なぜなら、手放して小さくなればなるほど、もう不安や恐れが出て来たとしても、あなたは影響を受けることがなくなるのですから。

07

神とは根源の光

神とは、光そのものです。包まれると心地よく、絶対的な安心感や幸福感がとめどなく溢れてきます。**統合が進んで辿り着くのは「源の光」、姿や形のない意識そのもの**です。「全てなるもの」、すなわち「ワンネス」です。

そのワンネスの意識が、さまざまな種類の体験をしてみたいと、自分の分身を放ちました。それが僕たちです。つまり「分離」であり、**源の望み通りたくさんの経験を積んだ子どもたちである分身が今、「親元＝源」へと帰る旅路が「統合」**なのです。

僕たちがネガティブを経験したのは、源という高い意識では体験できないことを体験するためでした。

その一人ひとりの経験は、全て源にデータとして届けられ、その情報を元に、さらに拡大することになります。こうして源（宇宙）は、発展し続けるのです。

さらに言えば、並行宇宙に住まう存在たちの経験値も、もちろんデータ収集されるので膨大な量になりますが、**源は「進化・発展・成長・拡大」のために、これまでも何度も分離と統合を繰り返し、螺旋を描くように次元上昇**して来ました。

つまり、僕たちのネガティブな経験もポジティブな経験も、全てはこの目的のためであり、**こうしたプロセスを選んだのは、他ならない「源＝僕たち一人ひとり」**なのです。

そう考えたら、「なんだ……思い通りにならないと思っていたことも、「経験したい」という源のシンプルな望みをベースにしたら、「全部、思い通りだったんだ！」と気づくでしょう。そう、僕たちは、みんな誰もが、「望み通りの人生を送って来ていた」のです。

✴ 現実とは、スクリーンに映る映画のようなもの

さて、ここで「経験」「体験」とは何かをしっかり理解しておきましょう。僕たちは、「現実のストーリー」を体験と呼んでいます。つまり、「誰それが何を言って、その後、こんなことが起きた」というものです。でも、本来「体験」とは、「自分の中で感じているフ

ィーリング（感情）」であり、それ以上でも以下でもありません。

では、現実のストーリーとは何か、と言えば、まさに「映画のスクリーンに映し出された、だたの映像」にすぎません。これは、軽んじているのではなく、ニュートラルに「ただ、そうであるだけ」です。

つまり映画にたとえると、**僕たちのフィーリングが「フィルム」に相当し、僕たちの身体が「映写機」になります。その映写機にカシャッとフィルムを入れて、３６０度のフルスクリーンに光が投影され、映像を映し出している**わけです。

なので、**シンプルに現実を変えたいと思ったら、フィルムを換えるだけ**なんですね！
それを換える方法が、僕のお伝えしている「統合」なのです。

ネガティブな体験に飽きたら、そのフィーリングを手放すことで、もとの「こひしたふわよ」という本質のフィーリングがカシャッと映写機にセッティングされることになり、今度はポジティブな体験をし始めるのは、自然なことなのです。

ネガティブな体験に嘆き続けるのと、捉えたフィーリングをとっとと手放して軽やかになり、その意識（周波数）で映し出される、ワクワクや喜びに満ちた映像を楽しむのと、どちらがいいですか？

神々と対話してなりたい自分になる

「源」は、今の僕たちにとっては、あまりにも高い周波数で存在しているため、ダイレクトにつながることが難しい状態ですが、その間を取り持ち、源とつないでくれるのが、日本の神々、高次元のマスターたちと言えるでしょう。彼らもまた「源」に帰還する旅路の途上にいる「仲間」たちです。

つまり、彼らが上で、僕たちが下ではありません。マスターとは、僕たちの先輩であり先生であると言えます。つまり「先を歩いている」存在なので、経験済みのことに関しては、知識や情報を与えたり、適切にサポートすることができるということです。だからこそ彼らは、僕たちに手を差し伸べてくれているんですね。

「最近ちょっと浮き足立っていないか？　そんなときは一度立ち止まって、深呼吸してみよう」と大山祇神。

「身の回りにもめ事が多くてゴタゴタする？　そうか、では調和を意識しながら、穏やかに話し合ってみたらどうだ？」と大国主命が言います。

「やる気が起きないだって？　どれどれ、ほら、こう捉えてみたらおもしろくなるんじゃないか？」と素戔嗚尊が励まします。

自分に自信がなくて、心細い気持ちになったときに傍にいてくれるのは、国之常立神です。「今こそ、変化するとき。これまでの自分を打ち壊し、その先へ勇気を持って進んで行きなさい。そこに、あなたが本当に求めているものが待っているのだから……」。

やめたいのにやめられない。腐れ縁に悩んでいるときに、菊理媛神は「本当に大切なのは、あなたの人生です。そのあなたに必要なものを見極め、それ以外は思い切って手を放しなさい。あなたを愛し大切にできるのは自分以外にないのです」と、もう役に立たない在り方を括ってくれます。

「全ては、あなたの本質を、より輝かせるための経験です。出来事を良い悪いと判断するのではなく、そこから何に気づき、学ぶ必要があるのかに意識を向けなさい。そうすれば、人生の全ては宝石の如く、キラキラと光り輝くようになるでしょう」と寄り添ってくれるのは瀬織津姫。

邇芸速日命は、「自分らしくいれば、それで良い。誰かに取り繕う必要もなければ、自分を偽る必要もない。ただ、ありのままのあなたでいなさい。それが、周囲への最高のギフトになるだろう」と優しく包み込んでくれます。

あなたが、人の目を気にして、自分らしく生きられないと感じるとき、「他の誰かではなく、あなた自身を生きるのです。あなたが持ち合わせる個性は、宇宙があなただけに与えた、大切な贈り物なのですから」と木花咲耶毘売は励ましてくれるでしょう。

また石長比売は「あなたの内にある闇に向き合うことを怖れてはなりません。闇を正面に置き、しっかりと目を見据えたとき、それは怖れるに足らないものだということがわかるでしょう。そう、闇とは幻想であり、本来のあなたは光そのものなのです」とあなたの本質を思い出させてくれます。

✵僕たち日本人が世界を変える

さぁ、いよいよ本格的に復活し始めた「古代日本プロジェクト」。これは、日本が聖地化し、その上に住まう僕たち日本人も、大きく意識を変えていくことになります。そして本来の日本人としての役割を、本当の意味で生きるときを迎えているのです。

世界が混乱の渦に巻き込まれるように見える中、そこに真の調和をもたらす助けになろうとしているのが、日本なのです。遥かなるレムリアの記憶を携えて生まれて来ている日本人と、その時代から日本および日本を愛して来た神々たちとの共同創造が始まっているのです。

本書をお読みくださった皆さんは、まさに、この本を通して彼らと「ご神縁（しんえん）」を結んだことになりますので、それと気づかなくても、神々との共同に従事することになるでしょう。

たとえば、「ここに行きたい」「これをやりたい」「こうした方がいい気がする」……こうした感覚を覚えたら、それは神々からの「コーリング（呼びかけ）」かもしれません。

そして、行動を一致させることで、必要な出会いや出来事が起こり、いずれ日本および日本人に大きな変化をもたらすことになるのです。

こうして、**波動を上げていくことで、真の調和の音を伝播させるだけではなく、日本を訪れる海外の人たちにも変化をもたらし、それを自国に持ち帰ることで、周囲の人に伝えていくことになる**わけです。それによって、日本だけでなく、世界が変化していくことになります。

こうした情報に耳を傾け、実践される皆さんは、まさに、新しい時代に向けた「旗振り役」です。どうぞ、神々と共同し、まずはご自分の人生を最高のものとしてください。

そして、**あなたが輝くとき、それは全てに対するギフトになる**ことを覚えておいてください。

それでは、「今この瞬間から、あなたの本当の人生がスタート」します。最高の人生のストーリーを思いっきり楽しんでくださいね！

おわりに

最後までお読みいただき、ありがとうございました。

日本や日本人の役割というのは、「選民思想」でも何でもなく、「古代日本」から連綿と、そのタイミングを待っていた神々との「大事なプロジェクト」であったことを、ご理解いただけたことと思います。

さらに言えば、どの国が文化の中心になるというのは、完全にサイクルであり、ある種の「順番」のようなもので、優劣でも何でもないわけです。

つまり、これからはアジア諸国が、世界の中でもリーダー的な役割を担い、その中でも、特に日本が中心となって、大調和の精神とエネルギーを広げていくことになるんですね！

だからこそ、いよいよ日本人の本領を発揮する時を迎えていて、皆さんも本書を読み進めていただく中で、これからの方向性が、そこはかとなくでも見えたり感じたりできたのではないでしょうか?

その意識で生きる時、あなたは今までのあなたとは全く違う意識で生きることになり、体験する現実の内容が大きく変化し始めるでしょう。

つまり、「あなたの本当の人生がスタートする」ことになるのです。

それに伴い、出会う人も、入って来る情報やチャンスも、仕事の流れも、何段階もステージを上げていくようなことが起きてきます。

それこそ、「最高の人生を生きる」ことに他なりません。

本書の情報を知り、「古代日本プロジェクト」に関わる神々のことを知ったあなたは、ここから「地命（ちめい）」を生きることになります。

地命とは、「生まれた国の国民全てに共通する使命」のことであり、これを生きる時、自ずと、「我命（がめい）」という、あなたが生まれて来る時に、こういう人生を生きたいと決めて来た道、さらには「天命（てんめい）」といって、宇宙（天）があなたに望む人生を生きることにつながり、人生が一気に活気づくことになります。

そして、本書を通してご神縁（しんえん）を結んだ神々と、これからは、「古代日本プロジェクト」を達成するための共同創造がスタートすることになるのです。

ワクワクしませんか？

このタイミングで、本書を読んでくださったのは偶然ではありません。あなたに宿るレムリア時代の意識が、内側からノックし、あなたに本書を手に取るよう導いたのです……さぁ、本当の人生のスタートです。

それでは、この本を読んでくださった皆さんに宇宙からのたくさんの祝福がありますように！　皆さんの最善・最高を、心からお祈りしています。

いつもいつも、ありがとうございます。

並木良和

購入者特典

本書を購入された方全員に、「並木先生直伝！　九柱の神々と交流するための音声ガイド」ファイルをプレゼントいたします。日本古来の神々からのサインやメッセージを受け取り、自分の人生を光り輝くものにしてください。

右の QR コードより ダウンロードして、ご利用ください。

神の国　日本
この国に八百万の神が暮らす本当のワケ

発行日　2024年6月12日　初版第1刷発行
2024年9月10日　第4刷発行

著者　並木良和
発行者　秋尾弘史
発行所　株式会社扶桑社
〒105-8070　東京都港区海岸1-2-20
汐留ビルディング
電話 03-5843-8843（編集）
03-5843-8143（メールセンター）
www.fusosha.co.jp
印刷・製本　中央精版印刷株式会社

ISBN978-4-594-09762-2

Profile

並木良和
なみきよしかず

幼少期より不思議な能力を持ち、整体師として働いたのち、本格的にメンタルアドバイザーとして独立。現在は、人種、宗教、男女の垣根を越えて、高次の叡智に繋がり宇宙の真理や本質である「愛と調和」を世界中に広めるニューリーダーとして、ワークショップ、講演会の開催等活発な活動を通じて、世界中で10,000人以上のクライアントに支持されている。毎月開催されるレギュラーワークショップは毎回満席になり、2021年・2022年の冬至には両国国技館、2023年の冬至は有明コロシアムにて、会場・オンライン合わせ10,000人以上を動員しワークショップを開催。FMヨコハマをはじめ、東海ラジオ、LOVE FM、ラジオ関西、HBC北海道放送など全国のラジオ放送局でパーソナリティとしても番組を持つほか、著書『目醒めへのパスポート』（ビオ・マガジン）『みんな誰もが神様だった』（青林堂）『次元上昇する「魔法の意識」の使い方111』（KADOKAWA）など20冊以上を出版。メンタルアドバイザーとしての活動に加え、ラジオDJ・作家などさまざまな媒体で活躍の場を広げている。

▶並木良和オフィシャルサイト
https://namikiyoshikazu.com

▶YouTube
https://www.youtube.com/channel/UCR6Syi0g7ItMFV_ildio6OQ

編集協力　中村 円
ブックデザイン　林しほ
イラスト　高田真弓
DTP　小田光美
校正・校閲　大島祐紀子

参照　國學院大学「古典文化学」事業 HP ／古事記（武田祐吉訳）青空文庫／神社本庁 HP